"十三五"中小学教师培训教材

教师教学基本能力解读与训练
综合实践

丛书主编：李 军

丛书副主编：文必勇　白雪峰　何书利　胡秋萍　刘继玲

本书主编：胡秋萍　李军玲

本书副主编：郭春玲

编著者：韩雪红　宋婷婷　宋京妍　孙　芳　毕春莉
　　　　王　昉　张守芹

北京理工大学出版社

BEIJING INSTITUTE OF TECHNOLOGY PRESS

内 容 简 介

一名学科教师的专业能力是区别于其他职业的主要特征，也是不同水平教师教学能力的核心表征。

本教材是按照"朝阳区教师教学能力提升"项目的要求，在已经完成十个能力要点的基础上，再次选定《朝阳区中小学教师教学基本能力检核标准》中的十个能力要点进行编写的。主要对象为教龄 3~10 年的青年教师，旨在规范教学行为，提升教学的基本能力。

本教材采取"参悟互动、任务驱动"的学习方式，在交流和分享中相互切磋，共同提高；在研讨和体验中，反思行为，总结提炼，以共同提升教师的教学能力。

图书在版编目（CIP）数据

教师教学基本能力解读与训练. 综合实践 / 胡秋萍，李军玲主编 . —北京：北京理工大学出版社，2017.5

ISBN 978-7-5682-4024-6

Ⅰ . ①教…　Ⅱ . ①胡…　②李…　Ⅲ . ①课程－教学法－小学教师－师资培训－教材　Ⅳ . ① G623

中国版本图书馆 CIP 数据核字（2017）第 100821 号

出版发行 / 北京理工大学出版社有限责任公司

社　　　址 / 北京市海淀区中关村南大街 5 号

邮　　　编 / 100081

电　　　话 /（010）68914775（总编室）

　　　　　　（010）82562903（教材售后服务热线）

　　　　　　（010）68948351（其他图书服务热线）

网　　　址 / http://www.bitpress.com.cn

经　　　销 / 全国各地新华书店

印　　　刷 / 定州市新华印刷有限公司

开　　　本 / 787 毫米 ×1092 毫米　1/16

印　　　张 / 10

字　　　数 / 186 千字

版　　　次 / 2017 年 5 月第 1 版　2017 年 5 月第 1 次印刷

定　　　价 / 25.00 元

责任编辑 / 刘永兵

文案编辑 / 刘永兵

责任校对 / 周瑞红

责任印制 / 边心超

前　言

教育大计，教师为本。习近平总书记指出：一个人遇到好老师是人生的幸运，一个学校拥有好老师是学校的光荣，一个民族源源不断涌现出一批又一批好老师则是民族的希望。可以说，有好的老师，就会有好的教育。

好老师不仅需要拥有强烈的教育情怀与高超的育人智慧，而且必定具有超强的教学能力。因为，教学能力是落实育人目标和决定教学质量的重要因素。北京市朝阳区教委始终高度重视全区教师教学能力的持续提升，早在 2009 年就出台了《朝阳区教育系统教师教学能力提升工程的意见》，旨在以教师的教学能力为抓手，促进教师队伍的专业发展，全面提高我区的教学质量和教育品质。

作为教师专业发展基地——北京教育学院朝阳分院一直致力于教师教学能力的全面发展。特别是在"十二五"期间，针对朝阳区教师教学能力现状，结合教师专业发展阶段的规律和特点，基于《北京市朝阳区教师教学基本能力检核标准》（以下简称《标准》）和《标准》解读，北京教育学院朝阳分院遴选了最为重要的 10 个能力要点，研发了中（职高）小学和一整套训练内容和方法，开发了《教师教学基本能力解读与训练》（共 23 个学科分册）学科教师培训教材。依据智慧技能的形成特点，通过"测、讲、摩、练、评"五个环节开展了基于实践、问题的教师培训，培训教师近 2 万人次。

在培训实施过程中，针对各学科教龄 10 年以下的青年教师和 10 年以上的成熟教师，遴选其中 4 ~ 6 个能力要点，分层开展学科教师培训，在培训目标、培训内容、培训形式以及考核要求等方面都做了针对性的细化处理。在《标准》解读、案例研讨、在线交流和考核测试的基础上，开展了基于能力要点的课堂教学实践与改进。不同类型的培训实践不仅检验了基于教师教学能力标准的培训课程的培训效果，同时也促进了教师教学能力的精进与提升。

基于《标准》的教师培训，突出了"培训课程标准化"的培训资源建设观。通过率先在全国研制、实践并推广系列《标准》，满足并引领了培训课程建设的品质需求，改进和完善了教师发展支持体系，推进了培训工作制度化、规范化，基本破解了分层、分类、分岗开展培训的难题，增强了教师参训的针对性、实效性和获得感，切实提升了教师培训的专业性，受到了区内外使用该培训教材教师的一致好评。

为了进一步发挥《标准》的指导作用，推进教师教学能力的持续提升，基于原有教材的开发和实施经验，每个学科结合现阶段本学科特点和教师专业发展需求，另外遴选了8～10个能力要点，开发了"十三五"中小学教师培训教材《教师教学基本能力解读与训练》（共24个学科分册）。在教材编写过程中，我们努力将《标准》揭示的一般规律、共性问题迁移融通于各学科，且通过案例凸显各学科教学能力的基本特征，还将关键的结果指标与各学科教学实践中的实际问题进行对接，以期深化教师对《标准》的理解，明确教学实践改进的方向和路径，提升自身的实践智慧。

　　当前，我国基础教育正处在深化综合改革的关键时期，各学科核心素养的提出，进一步明确了学科的育人价值，为学科育人提供了指南。为此，在教材开发过程中，各位编委对本学科的学科核心素养也给予了充分关注，在《标准》的解读中、案例的分析中、训练的任务中，对此都有不同程度的涉及与体现，为实现学科育人理念、发展学生的学科素养探索了具体的路径。

　　每一册教材的编写团队中都聚集了一批一线的骨干教师，他们边学习《标准》，边践行《标准》，并结合学科教学实践进行反思形成了鲜活的案例。可以说，他们是《标准》的首批实践者，也是培训资源的开发者，正是由于他们的深度参与，才使这套教材真正落实了"基于实践""基于问题"的价值追求，大大提高了教材的实践价值。

　　在教材开发的过程中，北京教育学院李晶教授等专家给予了我们一如既往的悉心指导。来自高校、教学一线的教授、特级教师作为学科专家指导团队，以他们的智慧为本套教材把关增色。借此机会，我们在此对他们付出的智慧和心力表示衷心的感谢。

　　由于"教师专业标准"还是一个尚待完善改进的领域，同时我们自身的水平和经验也有限，尤其是践行《标准》的有效实践还需要进一步加强，教材中必然存在着不甚妥当或值得深入探讨之处，诚挚期望得到专家和同行们的指正。

　　我们期待本套教材能在广大中小学教师教学能力的提升中发挥重要的作用，并在应用中不断完善。我们更期待，广大教师立足课堂教学实践，不断深度学习反思，持续提升教学能力，做学生锤炼品格、学习知识、创新思维和奉献祖国的引路人。

丛书编委：白雪峰

致学习者

　　学习，是人一生发展过程中的一个重要组成部分。随着个体踏出校门、进入职场学习并未停止，而是开启了一个崭新的学习征程。可以说，通过工作生活进行学习，寓工作于学习、寓学习于工作是成年人每天思想和行动的必然产物。

　　成人学习是基于个体经验和汇集个人经验的学习，需要学习者主动参与到课程内容中；教师的学习是懂教育的人的学习，需要学习者驾驭学习方法，达到比较高的学习境界。

　　依据智慧技能的形成过程，我们将学科教师培训分成"测、讲、摩、练、评"五个环节，通过完成智慧技能原型定向阶段与原型操作阶段的任务，强化各学科教师基于课堂教学研究的实践与反思，促进教师从原型定向阶段向原型内化阶段迈进。下面，我们就从上述五个环节分别为您的学习提出相应建议，以帮助您快速驾驭学习内容。

　　●**测——前测**。在每个专题培训的第一步，我们将和您一起找到您在该教学能力存在的问题，判断该能力所处的状态，以开始学习。这其中，有对一些教学事件的认同，有对问题的分析和判断，也有一些测试，目的就是一个：帮您找准自己学习的起点。

　　●**讲——讲解**。我们将基于具体的教学案例，围绕该项能力的一些表现行为进行理性分析，阐述行为产生的原因和导致的结果，阐释所表征的能力取向和能力发展层次。这些分析将使您对该项能力的含义获得更为深入的理解，对形成能力的合理行为有较高的期待。如果您实践跟进得快，边学习边实践，在这一阶段就能够获得提高。

　　●**摩——观摩**。在学习中会提供一些案例进行观摩，有些拿来就可以使用，但一定不要满足于拿来就用，更多的内容需要您边观摩边分析，在其背后寻找为什么，这样您获得的将不仅是一招一式，而是新的专业发展点和教育实践智慧的增长点。

　　●**练——训练**。方法技能的掌握和提升一定要通过训练才能实现。一方面，我们将在培训中安排模拟微型课堂进行教学技能的分解训练；另一方面，我们也有实践模拟训练。然而，训练时间是有限的，期望您从培训第一天开始，就将自己一线的课堂作为实训基地，不断尝试，不断分析尝试后的效果，不断提出改进方案，并开展新的尝试。同时，同伴老师可以帮助您进行观察和改进。

●评——评价。包括自评、互评等。训练是否有效需要进行针对性评价，发现自己的进步，明确现存的问题，清晰新的学习起点，这样才能开始新的一轮学习、反思和改进活动。当然，您会在这样的反复中获得自我提升的方法。您将学会主动的发现问题，通过自主学习过程解决问题。这一系列解决问题能力的提升才是培训的最终目的。

本教材提供的观摩案例，给您留下了很多思考的空间，也提供了很多训练方法的指导、训练内容的点拨，愿它伴随您这一段时间的学习，成为您的良师益友。

亲爱的教师朋友们，我们正处在一个学习的时代，一个"互联网+"的时代。我们的职业又是一个特别需要终身学习的职业。让我们勇于面对新的挑战，不断基于实践提出新的学习任务，在战胜挑战后，我们还迎接更新一轮的挑战，而唯有学习才是应对各种挑战的制胜法宝。

这就是教师的职业。

CONTENTS

能力要点 1　科学表述三维目标

本专题培训目标

（1）理解教学目标三个维度之间的关系，学会全面、具体、恰当地表述教学目标。

（2）学会用结果性目标、体验性目标或表现性目标的方式，表述三维目标。

（3）学会用行为主体、行为动词、行为条件、表现程度四个要素，表述三维目标。

一、问题的提出

教学目标是对每一课时教学活动中学生在认知、情感、技能和能力等方面变化的程度和结果的具体预设。能够规范地制定与表述课时教学目标，既是教师教学应具备的基本技能，又是保证课堂优质高效的前提。

（一）课堂活动

（1）说一说教学目标包括哪三个维度，三个维度之间是什么关系？

_____

_____

（2）说一说在备课过程中怎样科学表述三维目标，存在哪些困惑？

_____

_____

（3）分析下面三维目标的表述是否科学，存在哪些问题？

劳动技术学科三年级下册《刻纸》一课的教学目标：

①通过分析和观察，引导学生了解刻纸的由来，知道阴刻和阳刻的区别，学会刻纸的方法。

②在实践过程中掌握刻刀的用法，发展动手实践能力。

③在实践体验中培养学生耐心细致的劳动习惯，感受刻纸艺术的魅力。

_____

_____

（二）表述三维目标存在的主要问题

1. 行为主体不清晰

教师习惯于把教的过程或教的内容作为教学目标，把教学目标陈述的主体当作教师或讲授的内容，而不是学生或学习结果。

比如："使学生树立……观点""培养学生动手能力""引导学生自学"等，这样的表述，行为主体是老师，而不是学生。

教学目标是一种指向学生的行为目标，行为主体应该是学生，即学生怎么做和做到什么程度。如"观察插口之间的相互作用"，虽然省略了主体，但教学目标指向的对象是学生这一点是明确的。

2. 行为动词含糊不具体

根据行为学的定义，教学目标是学生学习后行为变化的结果或学习水平。目标陈述应力求明确、具体，可以观测和测量，应尽量避免用模糊、抽象的语言陈述目标。

例如"了解……"这样的行为动词指的是某种抽象的内在感觉，不具备可观察、可测量的性质，无论是教师本人还是学生都无法从中获取测量、评价本节课教学的具体信息，从而影响了教学的有效实施。

3. 目标表述分割不统一

教师应把三维目标作为制定教学目标的重要原则和思路，既要考虑"知识与技能""过程与方法""情感态度与价值观"，更要确定目标的重点。强调教学目标的全面性、多元性，并不是不分主次，设计课时教学目标，无须按三个维度分列陈述。既然一个知识点所对应的三维目标是不可分割的整体，那么按知识点统一叙述——每一知识点从三个维度进行叙述（三维一体），会更利于体现教学目标的系统性、层次性，且更便于在实际教学过程中的实施与目标的达成。

教学目标割裂，容易出现以下问题：①易引起误导——认为三维目标是可各自独立完成的。②不利于目标的实施——因为这些目标间相互割裂、独立存在，不利于目标的实施。③目标制定得太多会使一节课的教学重点不够突出，会分散教学注意力，给教师造成混乱，也不容易让学生明确主要学习什么和要达到什么样的学习结果。

从以上分析可以发现：综合实践活动教学目标的确定与表述，与传统教学目标表述的本质区别，就在于将过程与方法、情感态度与价值观有机地融入其中。而传统教学目标注重的是知识的掌握，知识的学习是孤立的，未同能力的提升联系起来，忽略了学生学习的过程和方法。这种教学目标设计的定位表述，可以看出往往只重视的是结果，而忽略实现结果的过程，这必然造成教学上重结果轻过程的弊端。

二、标准解读

（一）要点说明

1.三维目标的内涵

"三维"指课堂教学目标的三大板块，即"知识与技能""过程与方法""情感态度与价值观"。

（1）知识与技能维度。

知识与技能维度就是学生在该节课需要掌握的知识，应该形成的能力。技能是在解决问题时所需要的技巧、能力。知识包括学科知识、意会知识、信息知识，是人对客观事物认识和经验的总和；技能分为基本技能、智力技能、动作技能、自我认知技能，是掌握和运用某种专门技术的才能，它是由知识经过实践和训练转化而成的。它们共同的特点是具有外显性，是看得见、摸得着的。

（2）过程与方法维度

过程与方法维度是学生获得新知识的载体。过程与方法的实质就是智力和能力。所谓过程，其本质是以学生认知为基础的知、情、意、行的培养和发展过程，是以智育为基础的德智体全面培养和发展的过程，使学生的兴趣、能力、性格、气质等个性品质得到全面培养和发展的过程。所谓方法，是指学生在学习过程中采用并学会的方法。

（3）情感态度与价值观维度。

情感态度与价值观维度是落实"过程与方法"这一目标的前提。情感是人对外界刺激肯定或否定的内心体验和心理反应，表现出来的喜怒哀乐就是态度，价值观是对人和事物积极作用的评价和取舍的观念。它们是人的素质中的非智能因素。

总之，"三维目标"中的"三维"是一体的，是相互依赖、互相促进、不可分割的有机整体。知识与技能维度的目标立足于让学生"学会"；过程与方法维度的目标立足于让学生"会学"；情感态度与价值观维度的目标立足于让学生"乐学"。

2.三维目标之间的关系

教学目标三个维度之间相互依存、相互渗透构成整体，彼此之间不能割裂和独立，也就是通常所说的，一个过程三维体现。但具体确定时要兼顾重点和全面，即教学中可以围绕某一课堂的教学事件、教学内容或教学任务，将三维目标予以整合。如果把教学中可操作的基本单位称为"元素"的话，那么每个元素都可以从这三个目标角度来考察。也就是说，三维目标之间的关系，不是并列关系，也不是交叉关系，而是"元素"的不同角度，它们是一体三维的。

过程与结果统一。不仅让学生掌握知识、记住结果，更要重视学习的过程。如《工艺小茶几的制作》一课，了解工艺小茶几的结构特点，学会插口的设计制作方法等，即学会小茶几插口方向、插口宽度、插口深度的设计方法，学习过程是学生体验、思考和发现的过程，它可能会花费比较多的时间，但它却是学生学习、生存、发展的必经过程，也是学生能力、智慧发展的内在需求。

认知与情意统一。简单地说，这就是要求在学生掌握知识的同时，避免学生机械学习、死记硬背，正所谓"好之者不如乐知者"。在学习知识的同时，还要注重培养学生乐观的生活态度、健康的审美情趣等，从而使学生内心树立对真善美的追求以及人与自然和谐相处的理念。例如学习《菊花结》一课时，不仅要求学生掌握菊花结的编制规律，还应知道结艺文化的内涵，感受中国传统文化与技艺的魅力，体验用自己的劳动成果美化生活的情趣等。

接受性与体验性统一。学生在接受课本客观知识的同时，允许学生有自己的个人体验，这个体验或许是独到的，甚至是持有不同观点、不同态度的体验。例如在学习《团花》一课时，可以按照教材上呈现的对纸张进行折叠分份的方法，也可以根据学生自己的方法，通过把纸张对角折后，按照180度进行等分的方法，进行份数的区分。

3."科学表述三维目标"的两种方式

（1）表述教学目标的基本方式。

三维目标的描述要以学生为主体，准确描述学生完成学习后的行为表现，以反映教学要求，对行为表现的描述应尽可能易理解、可实现、能评估。知识与技能的目标应是学生对知识与技能的习得结果，学生的行为表现体现在对知识的熟悉、理解、掌握和对技能的了解、熟练、迁移等方面；过程与方法的目标应是学生学习过程的经历和学习方法的形成，学生行为表现体现在知识与技能习得过程和情感态度与价值观形成过程中的体验、感悟、建构，以及学习方法的了解、养成、应用等方面，要以学生相关能力的形成和提高为标志，包括思维能力、学习能力、探究能力、创造能力、合作交流能力、解决问题的能力等；情感态度与价值观的目标应是通过学习活动情感的提升、态度的转变和价值取向的形成，学生的行为表现体现在对学习内容、过程、方法的判断、趋向、认同、升华等方面，而这又以学生是非准则的养成和相应行为规范的遵循为标志的。

教学目标表述的具体方式有以下两种：

一是采用结果性目标的方式，即明确告诉学生的学习结果是什么，所采用的行为动词要求明确、可操作、可测量。这种方式指向可以结果化表达的课程目标，主要应用于"知识与技能"领域，如"能说出小手工锯的结构及各部分名称、用途""认识常见的布料，能说出区分的方法"等。

二是采用体验性或表现性目标的方式，即描述学生自己的心理感受、体验或明确安排学生表现的机会，所采用的行为动词往往是体验性的、过程性的，这种方式指向是无须结果化的或难以结果化的课程目标，主要应用于"过程与方法""情感态度与价值观"领域，如"感受中国结艺的魅力"等。

（2）表述教学目标的四个因素。

行为主体：教学目标应写成学生的学习行为而不是教师的教学行为，如不应该用"使学生……""让学生……""提高学生……"及"培养学生……"等描述，而应该用"能认出……""能解释……""能设计……""形成……""对……评价"或"根据……对……进行分析"等描述。

行为动词：教学具体目标应采用可操作、可测评的行为动词来描述。"认出""说出""描述""解释""说明""分析""评价""模拟""参与""讨论""交流""认同""拒绝"等词则是意义明确、易于观察、便于检验的行为动词。

行为条件：有时需要表明学生在什么情况下或什么范围内完成指定的学习活动，为评价提供参照的依据。

表现程度：指学生对目标所达到的表现水准，用以测量学习表现或学习结果所达到的程度。表述中的状语部分，便是限定了目标水平的表现程度，以便检测。

需要说明的是，三维目标的可操作性和可测评性，一般是相辅相成的，动词表达具有可操作性，一般即具有可测评性，反之亦然。但两者在侧重上又有区别。可操作性和可测评性都注重对外显动词的选择，可测评性还要求行为条件的情境化和表现程度的具体化。

学习目标的要求使用了体现不同水平的行为动词。这些词语有些是对学习结果目标的描述，有些是对学习过程目标的描述，并分别指向知识性目标、技能性目标、情感性目标。现说明如下：

目　标	各水平的要求	内容标准中使用的行为动词
知识性目标 低 ↓ 高	**了解水平** 再认或回忆事实性知识；识别、辨认事实或证据；列举属于某一概念的例子；描述对象的基本特征等	说出、知道、了解、认识、熟悉
	理解水平 把握事物之间的内在逻辑联系；新旧知识之间能建立联系；进行解释、推断、区分、扩展；提供证据；收集、整理信息等	说明、理解、解释、比较、权衡、找出、选择、识别、调查
	迁移应用水平 归纳、总结规律和原理；将学到的概念、原理和方法应用到新的问题情境中建立不同情境中的合理联系等。	掌握、分析、归纳、概括、确定、判断、优化、改进

目　标	各水平的要求	内容标准中使用的行为动词
技能性目标 低 ↓ 高	**模仿水平** 在原型示范和他人指导下完成操作	模仿、尝试
	独立操作水平 独立完成操作；在评价的基础上调整与改进；与已有技能建立联系等	会、能、学会、进行、完成、制定、识读、绘制、画出、检测、安装、操作、运用、使用、选择
	熟练操作水平 根据需要评价、选择并熟练操作技术和工具	掌握、实现、灵活运用
情感性目标 低 ↓ 高	**经历（感受）水平** 从事并经历一项活动的全过程，获得感性认识	感受、参与、经历、体验、交流、讨论、观察、调查、参观
	反应（认同）水平 在经历基础上获得并表达感受、态度和价值判断；做出相应的反应等	关注、提出、获得、确认、欣赏、发现、判断
	领悟（内化）水平 建立稳定的态度、一贯的行为习惯和个性化的价值观等	养成、形成、具有、树立、确立、发展、保持、增强

（3）科学表述三维目标相关理论。

布鲁姆将教学目标分为认知学习领域、动作技能学习领域和情感领域三个方面。每一领域由多个亚类别组成，子类间具有层次性。学习过程由下层向高层发展，下层目标是上层目标的支撑。

①认知学习领域目标分类。

认知领域的目标是指知识的结果，包括知识的领会、运用、分析、综合和评价。

知识：是指认识并记忆。这一层次所涉及的是具体知识或抽象知识的辨认，用一种非常接近于学生当初遇到的某种观念和现象时的形式，回想起这种观念或现象。

领会：是指对事物的领会，不要求深刻的领会，而是初步的、肤浅的。包括转化、解释、推断等。

运用：是指对所学习的概念、法则、原理的运用。它要求在没有说明问题解决模式的情况下，学会正确地把抽象概念运用于适当的情况。这里所说的应用是初步的直接应用，而不是全面地通过分析综合运用知识。

分析：是指把材料分解成它的组成要素部分，从而使各概念间的相互关系更加明确，材料的组织结构更为清晰，详细地阐明基础理论和基本原理。

综合：是以分析为基础，全面加工已分解的各要素，并再次把它们按要求重新组合成整体，以便综合性地、创造性地解决问题。它涉及具有特色的表达、制订合理的计划与可实施的步骤，根据基本材料推出某种规律等活动。它强调特性与首创性，是高层次的要求。

评价：这是认知领域里教育目标的最高层次。这个层次的要求不是凭借直观的感受或观察的现象进行评判，而是理性地深刻地对事物本质的价值作出有说服力的判断，它综合内在与外在的资料、信息，作出符合客观事实的推断。

②动作技能学习领域目标分类。

知觉：这是从事一种动作最实质性的步骤，它是通过感觉器官觉察客体、质量或关系的过程。知觉活动是动作活动的必要条件，但不是充分条件。知觉是导致动作活动的"情境——解释——行动"连锁中基本的一环。知觉包括感觉刺激（听觉、视觉、触觉、味觉、嗅觉、动觉），线索的选择和转化。

定式：是为了某种特定的行动或经验而作出的预备性调整或准备状态，定式包括心理定式、生理定式、情绪定式。

指导下的反应：这是形成技能的最初一步，这里的重点放在较复杂的技能成分上。指导下的反应是个体在教师指导下或根据自我评价表现出来的外显的行为行动。从事这一行动的先决条件是作出反应的准备状态，即产生外显的行为行动和选择适当反应的定式。所谓反应的选择是指决定哪些反应是满足任务操作的要求而必须作出的。

机制：已成为习惯的习得的反应。在这一层次上，学生对从事某种行动已有一定的信心和熟练的程度。这一行动是他对刺激和情境要求能够作出种种反应的行为的一部分，并且是一种适当的反应。这种反应比前一层次的反应更复杂，它在完成任务过程中也可能包括某种模仿。

复杂的外显反应：这里所说的个体（学生）因为有了所需要的动作形式，能够从事相当复杂的动作行动。在这一层次上，个体（学生）已经掌握了技能，并且能够进行得既稳定又有效，花费最少的时间和精力完成这一动作。

适应：是一种生理上的反应。为了使自己的动作活动适合新的问题情境，就必须改变动作活动。

创作：根据在动作技能领域中形成的理解力、能力和技能，创造新的动作行动或操作材料的方式。

③情感领域的教育目标分类。

克拉斯伍等人将情感领域的教育目标分为：接受或注意、反应、评价、组织、价值与价值体系的性格化。

接受或注意：是指学习者愿意注意某特定的现象或刺激。

反应：指学习者主动参与，积极反应，表示出较高的兴趣。

评价：指学习者用一定的价值标准对特定的现象、行为或事物进行评判。它包括接受或偏爱某种价值标准和为某种价值标准作出奉献。

组织：指学习者在遇到多种价值观念呈现的复杂情境时，将价值观组织成一个体系，对各种价值观加以比较，确定它们的相互关系及它们的相对重要性，接受自己认为重要的价值观，形成个人的价值观体系。

价值与价值体系的性格化：是指学习者通过对价值观体系的组织，逐渐形成个人的品性。各种价值被置于一个内在和谐的构架之中，并形成一定的体系。个人言行受该价值体系的支配；观念、信仰和态度等融为一体，最终的表现是个人世界观的形成。达到这一阶段以后，行为是一致的和可以预测的。

"能够说出……能够解释……能够应用……"这类动词来自布卢姆对教育目标分类的解释。这一套对行为目标体系的描述，把最典型的学习行为外化出来了，能够准确揭示学生的学习。如果教师不使用这样的行为动词来描述，教学目标不可能准确，也没有办法观察到学习结果。

（二）本标准对不同层次教师能力达标的要求

能力要点	合 格	良 好	优 秀
科学表述三维目标	能够正确选择行为动词表述三维目标，逻辑严谨	能够恰当表述具有可操作性的三维目标	能够将三维目标进行有机整合，使其具有可测评性

合格：合格水平的教师能够根据目标的不同维度，选择采用结果性目标动词或表现性目标动词，且陈述能前后一致。

良好：良好水平的教师能够选择具有可操作性的动词来表述三维目标。

优秀：优秀水平的教师能够围绕教学任务、教学片段或教学活动整合三维目标，并且在表述上能够做到教学目标具有可测评性。

三、案例及案例分析

案例一

《劳动技术（三年级下册）》《拓印》一课的三维目标表述是否科学
（案例作者：北京市朝阳区望京南湖东园小学　李宪芳）

《拓印》一课是三年级下册第一单元的一节技术实践课。本单元分为技术基础、技术实践两部分。在技术基础部分主要学习纸工常用加工符号：正折线、反折线、粘贴线的识记及用法，常用加工工具刻刀的结构及用法。技术实践部分包括《剪纸》《拓印》两课。主要通过实践操作的形式，在实践中巩固纸工常用加工符号及刻刀的使用方法。《拓印》一课旨在了解拓印的目的及由来，知道拓印技术的特点，利用刻纸的方法形成镂空版，进行拓印的方法。教学目标如下：

1. 知识与技能

（1）了解镂空版拓印的相关知识，知道镂空版拓印的方法，明确生活中有很多事物都应用于拓印。

（2）知道拓印在生活中的实际应用方法。

（3）能依据参考图，设计一幅简单的镂空版拓印图案，培养初步设计技能。

2. 过程与方法

（1）经历观察、分析、设计、实践的活动过程，学会设计镂空版拓印图案的一般方法。

（2）在实践中，掌握刻刀的用法，提高学生的动手能力。

3. 情感态度与价值观

（1）感受拓印艺术的魅力，了解拓印艺术的由来。

（2）体验问题解决的过程，获得劳动成果的喜悦。

（3）培养学生在生活中正确应用拓印技术的意识，用课堂所学解决生活中的实际问题。

案例参考评析

从教学目标的确定和表述上来看，虽然比较全面，但是问题也是比较明显的。问题主要有两方面：一是将三维目标分割开来，没能将三者有机渗透、融合。事实上，在教学中三者是无法分开的；二是多而杂，一节课共确定了 8 个目标，一般说来在课堂上是难以达到的，不太符合教学实际；同时，表述中其内容还有重复问题，值得探讨。

主要优点：

行为动词清晰，如了解、知道、学会等。

主要问题：

行为主体表述不明确、不清晰。目标多而杂，有重复问题，以及三个维度割裂不融合等。

案例修改建议：

（1）能够说出镂空版可多次重复拓印的特点，掌握用镂空版进行托纸拓印的方法。

（2）能依据参考图，学会利用单线变双线、线线相断的方法设计镂空版，完成一幅简单的镂空版拓印图案的设计，形成初步设计技能。

（3）感受拓印艺术的魅力，体验问题解决的过程和获得劳动成果的喜悦。

案例二

《信息技术》（第一册）第一单元"认识计算机"一课的三维目标表述是否科学

（案例作者：呼家楼中心小学万科青青分校　龚雪梅）

本课是北京出版社出版的《信息技术（第一册）》第一单元第2课《形形色色的计算机》和第3课《计算机的硬件和软件》的内容。本课是信息技术的启蒙知识，主要介绍了计算机的发展和组成，为学习使用计算机奠定知识基础。通过本课的学习，使学生了解计算机的发展历史以及计算机的组成，能够知道计算机的硬件和软件，区分出输入、输出设备，系统软件与应用软件。教学目标如下：

（1）了解计算机的组成，知道计算机的硬件、软件及其作用。

（2）了解计算机的发展历史。

（3）感受计算机的神奇，对学习计算机产生兴趣。

案例参考分析

从教学目标的确定和表述上来看，行为主体的表述比较明确。主要问题有两方面：一是三个维度的表述不全面，缺少过程与方法目标的表述；二是表述上存在行为动词含糊不具体的问题。教学目标陈述应力求明确、具体，可以观测和测量，应尽量避免用模糊、抽象的语言陈述目标。

主要优点：

行为主体明确、清晰。

主要问题：

三个维度的表述不全面，行为动词含糊不具体的问题等。

案例修改建议：

（1）理解计算机硬件、软件的作用。能够说出计算机硬件的主要组成部分，正确区分输入、输出设备，系统软件与应用软件。

（2）初步了解计算机的发展历史，能够说出第一台计算机的名称和出现时间，知道"计算机之父"。

（3）感受计算机的神奇，对学习计算机产生兴趣。

案例三

《综合实践活动（五年级）》"视力的研究"第一课时的三维目标表述是否科学

（案例作者：北京师范大学奥林匹克花园实验小学　张冬生）

《朝阳区小学综合实践活动与评价手册（五年级）》中《远离近视，健康成长》第一课时"你的视力还好吗？"的三维目标表述是否科学。

教师手册中该主题活动设计说明如下：

活动准备阶段：认识现状、确定研究主题（2课时）

活动实施阶段：制订计划、整理资料、制作汇报方案、展示交流（3课时）

总结交流阶段：自我诊断对症下药、制定推广方案（1~2课时）

"你的视力还好吗？"是活动准备阶段中的第一课时，活动内容是：学生绘制自己的视力变化折线图，分析变化趋势。老师制定了如下教学目标：了解绘制折线图的方法，知道用折线图分析自己的视力状况及变化趋势。经历提出、分析和解决问题的过程，初步学会研究性学习的方法。在活动中意识到爱护眼睛的重要性，重视自己的视力健康。

◤◤◤ 案例参考分析

从教学目标的确定和表述上来看，三个维度的目标都有所涉及，行为主体比较明确。主要存在教学目标制定模糊而笼统的问题。例如："经历提出、分析和解决问题的过程，初步学会研究性学习的方法。"这一教学目标中既看不到学生在认知、情感、行为上的变化，也没有表明达成的途径和方法，而且该目标也无法检测，这些问题就造成该教学目标模糊而笼统。

主要优点：行为主体比较明确，是以学生为行为主体，在制定中考虑到三个维度的目标。

主要问题：教学目标制定模糊而笼统。

案例修改建议：

学生能够根据自己1~5年级每学期的视力检测数值，分别绘制出左眼和右眼视力变化折线图。观察比较自己和他人的视力折线图形态特征，判断属于上升型、下降型、持平型、波动型中的哪一具体类型。通过对班级学生视力变化折线图不同类型的统计分析，体验到近视问题的严重性，产生深入研究的兴趣。

四、能力提升

（一）基础训练

（1）在下列描述"知识性目标"的行为动词中，请你选出：

说出、说明、解释、掌握、知道、了解、说明、认识、归纳、理解、熟悉、选择、比较、权衡、找出、优化、概括、改进、确定、分析

属于"了解"范畴的词汇有：_____

属于"理解"范畴的词汇有：_____

属于"迁移应用"范畴的词汇有：_____

（2）在下列描述"技能性目标"的行为动词中，请你选出：

模仿、会、能、尝试、学会、进行、完成、掌握、实现、制定、识读、绘制、画出、灵活运用、检测、安装、操作、运用、使用、选择

属于"模仿水平"范畴的词汇有：_____

属于"独立操作水平"范畴的词汇有：_____

属于"熟练操作水平"范畴的词汇有：_____

（3）在下列描述"情感性目标"的行为动词中，请你选出：

养成、关注、感受、提炼、参与、形成、经历、体验、获得、确认、具有、独立、交流、讨论、欣赏、确立、观察、调查、参观、发现、判断、树立、发展、保持、增强

属于"经历水平"范畴的词汇有：_____

属于"反应水平"范畴的词汇有：_____

属于"领悟水平"范畴的词汇有：_____

（二）案例分析

案例一

《劳动与技术（五年级下册）》《刮鳞器的制作》

（案例作者：北京工大附中英才分校　单春红）

《刮鳞器的制作》一课是五年级下册第三单元的一节技术实践课。本单元为小学阶段第一次涉及木工实践领域，共分为技术基础和技术实践两部分。技术基础部分主要是了解常见的木工材料及木工工具；技术实践部分包括《刮鳞器的制作》《小汽车的制作》《砂纸板的制作》三节实践课。

《刮鳞器的制作》一课主要是做钉接的练习，同时采用锯割、锉削和砂纸打磨的方法，是木工的一次简单的综合练习。钉的技术操作难点：①先要在瓶盖上打孔。（一般用寸钉即可）②每个瓶盖用两个小钉钉在木条上。③穿透木条的钉尖，用尖嘴钳弯折，用锤子砸实，同时在钉帽下垫螺母，也叫背钉。

本课教学目标：

说出刮鳞器的结构特点和用途，了解在生活中的使用情况，学会制作方法。

经历对比观察、反复调试的过程，独立完成刮鳞器的设计与制作。

培养学生形成安全选用、使用工具的劳动习惯。

优点：_____

_____

不足：_____

_____

修改：_____

_____

案例二

《综合实践活动（六年级）》《探索洗涤的奥秘》

（案例作者：北京师范大学奥林匹克花园实验小学 张冬生）

《探索洗涤的奥秘》是六年级第三个主题活动。本主题活动的设计说明如下：

课前进行：访谈调查

第一课时：分析学生对洗涤市场上洗涤产品和洗涤窍门等信息的调查结果，发现可研究的问题。

第二课时：初步了解对比实验。

第三课时：提出问题，制订计划。

第四课时：分组设计实验方案。

第五课时：进行对比实验，得出实验结论。

第六课时：交流汇报。

其中，第二课时主要是通过对比实验，比较加酶洗衣粉和普通洗衣粉的去污效果有什么不同，在活动中学生需要考虑如何设计对比实验，包括实验材料的选择、实验步骤的安排，特别是相同条件和不同条件的设定。

本节课的教学目标：

教师指导学生完善加酶和普通洗衣粉洗涤效果对比实验的方案，教师指导小组学生分工合作，按照方案完成对比实验。教师指导学生归纳对比实验的设计要点：只有一个相同条件。教师让小组学生做清晰的记录并得出结论。学生的分工合作能力得到提升。

优点：_____

_____

不足：_____

_____

修改：_____

_____

案例三

《信息技术（三年级）》"选定工具"

（案例作者：呼家楼中心小学万科青青分校　龚雪梅）

"选定工具"是北京市义务教育课程改革实验教材《信息技术》第一册第三单元第17课《修改画面有诀窍》以及第18课《幕后英雄剪贴板》中的有关"选定"工具的内容。"选定"工具是画图软件中非常重要的一个工具，在以后的学习中，如：复制、翻转、旋转中都会用到。掌握好"选定"工具的使用方法，会为日后的学习奠定较好的知识基础。通过本课的学习，使学生掌握"选定"工具与"任意形状的裁剪"工具的使用方法，学会移动、缩放选定图形。

本课教学目标：

（1）学会用"选定"工具和"任意形状裁剪"工具选取画面。

（2）初步掌握移动、缩放选定图形的方法。

（3）提高观察力和对图形的处理能力，对计算机画图产生兴趣。

优点：_____

_____

不足：_____

_____

修改：_____

_____

（三）案例设计

请依据本单元能力标准的要求，结合自己熟悉的一节课，科学表述三维目标。

学科：_____

年级：_____

课题：_____

教学目标：

_____

_____

_____

_____

五、学习反思

（一）学习总结

_____

_____

_____

_____

（二）反思

（1）以往自己表述三维目标时，存在哪些问题？

_____

_____

（2）你怎样理解"科学表述三维目标"？

_____

_____

（3）你在"科学表述三维目标"的哪些方面有了提高？请结合教学实例谈一谈自己的体会。

_____

_____

（4）本单元的学习对于自己的教学实际工作有哪些帮助？

_____

_____

_____

阅读资料

1956 年，美国著名的教育心理学家布卢姆立足于教育目标的完整性，制定了教育目标分类系统。他提出把教育目标分为认知、情感和动作技能三个目标领域。根据布卢姆等的教育目标分类理论，结合我国的教育教学实际，新课程将教学目标分为知识与技能、过程与方法、情感态度与价值观三个维度。三维教学目标不是三个目标，而是一个问题的三个方面。它集中体现了新课程的基本理念，集中体现了素质教育在学科课程中培养的基本途径，集中体现了学生全面和谐发展、个性发展和终身发展的客观要求。

第一维目标：知识与技能目标。主要包括人类生存所不可或缺的核心知识和学科基本知识；基本能力——获取、收集、处理、运用信息的能力，创新精神和实践能力，终身学习的愿望和能力。

第二维目标：过程与方法目标。主要包括人类生存所不可或缺的过程与方法。过程——指应答性学习环境和交往、体验。方法——包括基本的学习方式（自主学习、合作学习、探究学习）和具体的学习方式（发现式学习、小组式学习、交往式学习……）。

第三维目标：情感态度与价值观目标。情感不仅指学习兴趣、学习责任，更重要的是乐观的生活态度、求实的科学态度、宽容的人生态度。价值观不仅强调个人的价值，更强调个人价值和社会价值的统一；不仅强调科学的价值，更强调科学的价值和人文价值的统一；不仅强调人类价值，更强调人类价值和自然价值的统一，从而使学生内心确立起对真善美的价值追求以及人与自然和谐和可持续发展的理念。

三维的教学目标应是一个整体，知识与技能、过程与方法、情感态度与价值观三个方面互相联系，融为一体。在教学中，既没有离开情感态度与价值观、过程与方法的知识与技能的学习，也没有离开知识与技能的情感态度与价值观、过程与方法的学习。把原来目标单一（即知识与技能）的课堂转变为目标多维（即知识与能力、过程与方法、情感态度与价值观三个维度）的课堂。

能力要点2　有效设计教学活动

本专题培训目标

（1）了解设计教学活动的目标和要素，能根据课时目标选择适合的活动设计方案。

（2）能够根据教学目标设计符合学生特点的教学活动，有预设和相应的处理方法。

（3）能够有针对地设计检测方案，测评教学活动的实施效果。

一、问题的提出

教学活动通常指的是以教学班为单位的课堂教学活动。它是学校教学工作的基本形式。教学活动是一个完整的教学系统，它是由一个个相互联系、前后衔接的环节构成的。教学活动的基本环节就是指教学活动这一个个各具不同功能的不同阶段。教学设计是一个系统工程，在确定了教学内容、明确了教学目标后，就需要安排教学流程和设计教学活动。如果说前两个内容回答了"教什么"和"为什么教"的问题的话，那么后两个内容就是在回答"如何教"的问题。

有效设计教学活动是指教师在设计教学内容的呈现方式、学生学习活动的方式时应考虑与教学目标的对应关系，教学活动设计的出发点是促进教学目标的达成。设计教学活动是依据教学内容和教学目标，选择与安排各项"教"与"学"的活动，以达到最高的学习成效与预期目标，教学活动一般包括"教师将做什么，学生将做什么"等内容，在设计时应考虑的因素主要包含以下六方面：①教学目标；②教材特点；③教学对象；④活动的时间、次数或节奏；⑤教学流程；⑥对活动的检测方案。

（一）课堂活动

（1）请说一说设计教学活动时应考虑哪些因素？它们之间是什么关系？

_____

_____

（2）请说一说你在教学设计过程时怎样设计教学活动，存在哪些困惑？

_____

（3）请你谈谈对《信息技术》画图单元《曲线》一课的导入环节的教学活动片段有什么意见和建议？

①播放《喜羊羊与灰太狼》主题曲。

教师问：我们来一起玩个猜表情游戏吧？

意图：选择学生喜欢的动画片主题曲导入新课，通过小游戏直接揭示曲线的特点，在这里巧妙地呈现出曲线工具可以绘制的不同种类曲线。

②游戏——猜"表情"（课件）。

教师问：你们是怎么这么准确地判断出表情的？

意图：启发学生分析，说出不同形状的眉毛和嘴（不同样式的曲线）所表现出的表情不同，吸引学生的注意力，激起学习兴趣。

③揭示课题。

教师：你们看！几条简单的曲线能够表达出这么丰富的表情，多神奇啊！今天我们来研究神奇的曲线。

（二）教师设计教学活动时存在的主要问题

1.忽视活动设计的基本目标

在设计教学活动时我们往往要考虑形式新颖和多样，有的课时教学活动设计内容非常丰富，可谓花样百出，但如果细致地分析一下就会发现这些活动都如蜻蜓点水般浮于表面。例如安排了小组讨论环节，但由于时间的安排很紧和教师的要求不清晰等问题，在实施时，看似热闹的讨论只能走个过场，也就是这节课老师安排了学生讨论，可为什么要这样安排、学生在讨论中的收获是什么、教师应如何引导学生参与讨论、讨论的结果应如何呈现等都缺少深入的分析和设计。

在设计学习活动时，我们首先要考虑的是教学活动的总体目标，其次是活动的具体内容，最后是活动如何组织以及活动如何评价等。

2. 缺少对课堂实施生成的预见性

教学是一个动态生成的过程，课堂教学是师生互动的过程，教学预设实际上就是对课堂上可能出现的问题进行预测，有的教学活动设计缺少对课堂的预设，于是在设计时看到的情况是教师提出一个问题，学生能立刻给出正确答案，或者有不同的解决方法，学生能一下子全部解决，这不是真实的、互动的课堂。精心的预设也不可能全部预知精彩的生成，当教学预设与教学实际有出入时，就需要教师有灵活的应变能力，敏锐地捕捉并能机智应对，巧妙利用课堂中的意外生成，也许会成为课堂中的精彩片段，而想要实现这一点，进行活动的预设就显得非常有意义。

3. 缺少对学习成果评价的设计

教学活动的结果评价要进行精心设计，可采用多种形式。例如纸工、泥工、金工等劳动技术单元有很多作品的制作，作品的检测可以从与设计图的一致性、制作精良、具有实用性等多方面进行评价。在信息技术课上可以是画图、电子小报、演示文稿作品等，可以从主题突出、内容丰富、画面美观等方面进行评价。在综合实践活动课上，可以是一份调查问卷、研究性学习成果等。活动的评价指标应该是多元的、形成性的，既有对小组的整体评价，也要有对成员的个人评价。评价主体可以包括教师、学生、家长等。活动结束时还可以收集各方反馈意见、各种数据和资料，对活动成效进行分析，以积累经验和反思。

综合实践活动中教学活动的设计要从"为什么学""学什么"和"如何学"入手。先确定学生的学习需要和学习目标，再根据学习目标进一步选择适宜的策略，设计有效的教学活动，然后再对教学的效果进行全面的评价，保证教学活动实施的效果。

二、标准解读

（一）要点说明

1. 教学活动的类别

教学活动有很多种分类，如按照活动的性质，可分为自主学习活动、合作学习活动和研究性学习活动等；按照学习的方式，可分为在线学习活动、线下学习和混合式学习活动……当然这些分类是相对的，例如，研究性学习活动就可能包含有自主学习与合作学习。不同的教学活动类别设计的教学活动形式就会不同，在实际教学时应根据不同的活动类别选择适宜的活动方式。

2. 活动设计体现教学目标

教学目标是教学活动预期所要达到的最终结果，是对教学活动结果的一种主观上的愿望，是对完成教学活动后，学习者应达到的行为状态的详细具体的描述。如果教学活动脱离了学生实际，偏离了教学目标，那么再有趣的教学活动也难以达到理想的教学效果。在教学过程中，教学目标和教学活动密切相关，教学过程是教学目标的实践，也是教学目标实现的必经阶段。教学目标是教学活动的体现，也是教学活动的指导。

3．活动形式满足学生需求

在课堂教学中，学生有兴趣可以更加主动地探索学习内容，学生学习的积极性越高，课堂教学效率就越高。由于小学生集中注意力的时间短，教师所设计的课堂教学活动还应具有新奇感，调动学生的学习积极性，所以教师应采用形式多样的教学活动来吸引学生的注意力，以保持其学习兴趣。活动设计时老师要根据学生的年龄特点及学习特点，分析教材特点，把握好教学内容的重、难点，丰富课堂资源，调动学生的积极性。设计教学活动时，可以采用形式多样的活动，学生学习的效果取决于教学活动的设计是否合理、有效、有趣。例如在教学中设计一些小比赛，引导学生参与竞争等，提高学生参与活动的兴趣。在教学活动设计时，要充分了解学生的知识基础、性格特点，让活动更符合学生特点。

4．教学的主要环节

一般情况下，一节课的教学流程包括这几个环节：导入、新授、实践、展评和拓展。当然，不同的教学设计环节可能会不完全相同，在综合实践活动课程中，活动的准备、实施、总结阶段等教学环节也不尽相同，例如：选题——问题引领；开题——探寻解径；研究——实践操作；结题——交流评价。在这个过程中，强调学习方式的研究和学习内容的实践性。导入环节，教师要根据教学内容精心设计，激发学生主动参与。新授环节，要针对不同的教学内容，选择不同的教学方式，提出解决问题的策略，关注学生学习的过程，逐步启发引导，掌控好突出重点、突破难点的详细步骤安排以及需用时间等。实践环节设计的练习要有层次，学生要经历练习、运用、提高、巩固过程，以便检测学生学习的效果。综合实践活动课重视学生实践，要提供时间保证。展评环节是学生学习成果的展示和评价，根据不同作品的类型选择不同的展示方式，并进行多元主体的评价。拓展环节的设计需要考虑呈现哪些信息，引发学生思考，关注知识的拓展性和应用性。

（二）本标准对不同层次教师能力达标的要求

能力要点	合　格	良　好	优　秀
有效设计教学活动	能够围绕教学目标设计教学活动，并能设计对教学活动完成情况的检测方案	能够围绕教学目标设计具有连贯性的教学活动，并能有针对性地设计对教学活动完成情况的检测方案	能够设计激发学生思维和情感的教学活动，并能对课堂可能生成的问题设计预案

合格：设计的每一项教学活动都应该指向教学目标的达成，避免教学活动盲目追求花样翻新而忽视实际效果，为了检验教学活动的完成情况及效果，教师要设计相应的检测方案。

良好：设计的教学活动合乎学生认知及情感的发展规律，做到层层深入、环环相扣，使学生的思维逐渐走向深入。有针对性地设计检测方案是指检测的方式科学，能准确及时地检测出学生学习过程中的问题。

优秀：能够做到教学过程是学生认识发展的过程，同时更是学生情感发展的过程，教师设计的教学活动最佳效果是学生思维的深刻参与、情感的高度投入。教师要对学生课堂上的生成具有很强的预见性。

（三）教学活动设计的原则

新课程理念倡导以学生为主体，设计教学活动时，既要考虑"以学生的学为主体"是设计教学活动的基础，又要考虑"以学生的发展为主体"是教学活动的目的。

1. 全面规划整体设计

教学活动设计是对教学的一个总体规划，是保证课堂教学有序、有效推进的前提，设计时要进行整体思考，教师活动主要包括：讲解、提问、演示、板书等；学生活动主要包括：回答问题、讨论、操作练习等。这些活动要合理地进行安排。在实施中采取怎样的策略要根据学生的年龄特点来决定，教师要根据学生的年龄和心理特点，选择他们感兴趣的活动，课堂教学活动有趣，学生才乐于参与，才会有好的效果。

2. 围绕目标开展活动

教学目标是一节课的核心和根本，教学活动是为实现教学目标服务的。确定好教学目标后，将目标分解成教学活动，具体到每个教学活动要达到的目的，为实现哪个目标服务，需要教师进行转化，这是教学能力的一种体现。因此我们设计教学活动时，首先要明确活动的目的是什么，然后再进行具体设计。

3. 活动设计源于生活

课程标准明确指出，要重视从学生的日常生活出发，培养学生实际运用所学知识解决生活中遇到的问题的能力，学生对源于自己生活的活动有强烈的参与欲望。教师要关注来自学生生活的各种信息，在设计活动时要以学生的生活为基础，选择符合学生经验和认知的活动。例如在劳动技术案例《小笔筒》的分层设计环节，体现了注重在生活中的应用原则。

（一）主体部分外形的设计

教学活动 1：观察小笔筒主体的外形有什么特点？结合自己已有知识经验和生活体验，想一想：笔筒主体的设计要考虑哪些要素？

师生小结：外形的设计，要考虑拿取方便、考虑使用者的个人喜好。

教学活动 2：请你思考笔筒主体的外形如何设计？主体各部分如何连接？

小组讨论：想设计什么形状的主体？主体各部分如何连接？

师生小结:主体的外形设计,可以选择圆形、长方形、正方形……主体各部分的连接,要考虑板材本身的厚度,留出粘接的空隙。

设计意图:研究设计的方法,突破教学难点。

(二)主体部分与底的连接

师生交流:怎样设计笔筒的底?怎样将主体部分与底部进行连接?

1. 依据主体的形状设计笔筒的底。

2. 利用粘接的形式连接。

(三)内部结构的设计。

教师活动1:引导学生对比观察,笔筒内部的设计效果,了解内部结构的作用。

教师活动2:引导学生思考连接方法的选择:可以选择粘接,也可以选择插接等方法。

学生活动1:任意选择1个问题,小组展开研究,然后汇报。

学生活动2:汇报设计的方法,如利用透明胶条帮助主体初步成型、主体各部分间留空隙……

设计意图:结合实际需要进行创新设计,增强设计的针对性和实用性。

上述案例制作小笔筒的过程主要设计了三个教学活动,分别是主体部分外形的设计、主体部分与底的连接和内部结构的设计,这三个活动中教师通过引导学生思考、学生讨论再交流的方式,在问题的启发下学生结合他们的生活经验,主动地讨论、体验和探究,将本课的重点也就是小笔筒的设计方法进行突破。

4. 活动设计包含预设

课堂活动的设计要由易到难,具有层次性,是否有满足活动实施的场地,环节安排是否有序,学习过程是否有张有弛,活动的每个具体步骤都要考虑周全,确保教学有效实施。预设包括在设计教学活动时根据教学流程学生可能产生的生成,包括对学生已有知识、经验、见识、个性等了解的基础上的可能生成,还包括上课过程中实际表现可能引出的生成等。有了充分的预设,教学过程才能组织到位,才能更好地提高教学活动的有效性。

5. 设计活动体现开放

教师设计的活动应具有开放性,拓展学生的思维空间的同时,他们的自主学习、合作学习、探究学习以及创新能力将得到发展。例如:信息技术学科的课堂学习任务通常是具有开放性的拓展任务,陈经纶中学曾旭老师设计的"scratch——《古堡降魔》"一课的设计就很好地体现了开放性这一特点。

教学目标	1. 理解"重复"命令的作用，选择侦测命令"碰到…"和"如果…那么"命令编写程序 2. 在分析动画与尝试操作中，完成《古堡降魔》动画的分析与制作 3. 体会程序设计的基本过程，初步建立先设计、后操作的编程意识		
教学活动	教师行为	学生行为	设计意图
情景导入	教师利用多媒体播放万圣节主题的动画、音效背景 引语：市面上有许多关于魔法的游戏，今天我们就来制作一个	观看动画、融入情境。学生开始思考：自己能否设计出类似的动画游戏	帮助学生融入游戏动画的主题中，利用生动的动画及音效激发学生学习兴趣
引出设计任务	问题：假如你现在就是一名游戏设计师，你会怎么设计《古堡降魔》这个游戏？（开放性问题）	接受任务，开始思考，设计，讨论游戏的场景、人物、情节等内容	带领学生体会程序设计的基本过程，初步建立先设计动作脚本、后操作实现的编程意识
分析动画	问题1：最终，我们确定几类角色？ 问题2：你设计的角色要实现什么样的动画效果？ 问题3：要达到的最基本的动画效果是什么？	经过讨论最终确定为两类角色，即正面角色与反面角色，角色造型可以自由选择（开放性选择）。设计出两类角色要达到的基本动画效果	分解任务，明确任务需求，确定完成任务的方法和途径
温故知新建构新知	问题1：完成这些效果，会使用到哪些我们学过的动作命令？ 问题2：我们还需要哪些命令帮助完成动画？	利用旧知尝试操作，并自主寻找能够实现效果的新命令	引导学生明确要用到哪些已有的基本技能，产生学习新知的需求

　　本课的教学活动紧紧围绕教学目标，而且任务的选择具有较强的开放性，所设计的教学任务将学生需要掌握的知识与技能进行有效的组织，让学生在完成任务的过程中经历了分析问题、解决问题的过程，提升了教学实效性。

　　综上所述，在设计教学活动时，要把活动的目的性和实效性放在首位，在充分考虑学生的年龄特点及其生活实际的基础上，精心设计教学活动。活动的设计要以学生的生活经验和兴趣为出发点，内容要丰富，活动要多样、有层次，满足不同类型学生的发展，才能保证教学活动的有效进行。

（四）教学活动设计需要注意的问题

1. 关注教学活动的分组问题

　　在综合实践活动学习中，通常以小组学习为主，如何分组是学习活动能否成功的关键之一。分组方法有很多种，如异质分组、同质分组、教师分组、学生自愿分组、随机分组等。理论上异质分组是最好的，实际教学中要具体情况具体分析。分组不仅要考虑人员的组成，还要考虑小组的人数。一般情况下，人数不宜过多，也不宜过少。人数多少要根据活动性质、活动类型、活动目标、活动资源等具体情况而定，一般情况下以 4~6 人一组为宜。人员确定后，选好组长也很关键。组长可由成员推选、老师指定、轮流担任、毛遂自荐等形式产生，要根据具体情况而定。如果是短期活动，这些都相对比较容易；长期活动小组往往需要有更周到的安排,中间是否需要重新分组也是常常会遇到的一个问题。在进行教学活动设计时，要充分考虑分组的安排。

2.设计应体现调控策略

有时教师设计的活动方案很好，但在具体实施过程中，在活动组织等方面会遇到一些问题。例如学生活动时课堂秩序就很难控制，有的学生不按要求进行活动，还可能会遇到配合不积极或不配合的情况等，这些都会影响活动的效果。因此，要想有效地开展活动教学，要重视并加强对活动的组织和调控的设计。在设计活动时，教师要仔细考虑活动开展过程中可能出现的各种情况，并针对这些情况制定对策，这样会为活动顺利实施、有序开展提供保证。

3.设计应考虑评价方式

教师通过评价可以对学生的学习方法、学习习惯和课堂学习行为等进行引导，教师应让每个学生都有体验学习成功的机会，从而促使每个学生积极、主动地参与到学习活动中。有效的评价是教学活动的进一步完善，教师对学生活动一定要有所建议或鼓励。

三、案例及案例分析

案例

《劳动技术（六年级下册）》《小雨伞》

（案例作者：北京市朝阳区垂杨柳中心小学　张晓梅）

本课教学目标：

（1）了解小伞的绣制材料、工具，能设计简单图案，根据图案选择针法及不同颜色的绣线。

（2）初步学会用包梗绣的针法绣制自己设计的图案，灵活运用针法，掌握绣制技巧。

（3）经历观察、识图、尝试绣制的过程，学会包梗绣方法，感受刺绣的魅力，增强热爱优秀手工技术的情感，增强设计意识、创新意识、合作意识和动手实践能力。

教学活动一：创设情境、激发兴趣

同学们，在帽子、上衣和裤子上你发现了什么？它们有什么用呢？

正是因为有了这些与众不同的图案，这些服装才受到更多人的喜欢。今天，我们就一起来继续学习有关刺绣的内容。

分析

通过师生间的交流、分享，学生会观察到服装上的刺绣图案，它为服装起到装饰作用，直接激发兴趣、揭示课题。

教学活动二：合作探究、学习刺绣

活动 1：作品比较，复习平绣，学习包梗绣。

今天老师这里也带来了作品，每组一份平绣与包梗绣作品，请同学们仔细观察，看一看，摸一摸，认真比较，小组讨论：这两件作品的相同点与不同点？

相同点：它们都是刺绣作品，利用平绣针法绣制而成，都很漂亮，都是用彩线绣制而成……不同点：效果不一样……

活动 2：复习平绣针法。

有同学发现作品用到了平绣针法，谁来说一说平绣针法的种类、绣法及绣制要求？

平绣有单面平绣和双面平绣之分。单面平绣：确定好起始位置，向上进针，向下出针，紧贴第一针出针处向上进针，在进针处向下出针，如此反复，正面绣满绣线，背面是整齐的针脚；双面平绣：确定好起始位置，向上进针，向下出针，按第一针的进针顺序重复绣制，正反面效果一样。

活动 3：介绍包梗绣。

这件作品颜色饱满，针脚整齐，绣线下面就是绣布。那件作品只绣了轮廓，线和绣布之间好像有什么东西，线迹粗细一致，像一根绳，立体感较强。这件只绣了轮廓线的作品，同样用到了平绣针法，它还有一个新名字，叫包梗绣。

谁能说一说它有哪些特点？主要特点是先用较粗的线打底或用棉花垫底，使花纹隆起，然后再用绣线绣制，一般采用平绣针法。包梗绣花纹秀丽雅致，富有立体感，装饰性强，又称高绣，在苏绣中则称凸绣。包梗绣适宜绣制块面较小的花纹与狭瓣花卉，如菊花、梅花等，一般用单色线绣制。

活动 4：小组研究。

根据包梗绣流程图和包梗绣半成品，小组合作研究以下问题（PPT 呈现研究问题），比比哪个小组最先完成研究任务。

①梗绣针法与平绣针法有什么关系？

②包梗绣绣制步骤及要求什么？

活动 5：小组汇报。

哪个小组愿意把你们的研究成果向大家汇报一下？

实投下汇报，讲解演示包梗绣针法：

首先，固定梗线:在起点、终点。其次，用平绣针法绣制。为了使大家看得更清楚，老师准备了包梗绣针法的视频，请同学们仔细观看，看看还有什么新发现。

边看边提示学生:拉线用力要适度，太松会造成布面不平整，太紧会使绣布变形，绣出的效果都不好看。

分析

合作探究学习刺绣是本课的教学重点，根据教学目标，在教学设计中安排了5个活动。活动1的目标是通过学生的观察、比较、分析，培养观察、比较、分析、汇报能力；活动2的目标是通过温故知新，复习平绣针法；活动3的目标是从学生熟悉的技法入手，通过教师提出的问题和介绍，明确包梗绣的特点；活动4的目标是通过小组合作研究的方式，学习、尝试，明确针法名称，体验包梗绣与平绣的关系、绣制步骤及要求;活动5的目标是:通过小组汇报和观看视频，培养自主探究包梗绣针法的能力，突破教学难点，并出示流程图进行板书归纳。

教学活动三：合作探究绣制步骤

活动1：设计图案。

学会了包梗绣针法，根据前面的平绣经验，怎样才能绣制出自己喜欢的作品呢？

活动2：解决问题。

老师这里画好了一把小伞，线条可比刚才学习包梗绣针法时的梗线复杂多了，为了解决绣制过程中长线条梗线听话的问题，我该怎样做呢？

教师出示PPT：你发现小伞图案用到了几条梗线吗？分别在什么位置？谁能总结出固定的点都在什么位置吗？（三条梗线，分别在伞顶、三面中间和伞的外轮廓。起点、拐点、终点）

教师出示PPT：我们再来对比看看哪种固定的方法好，为什么？以上我们以小伞为例，再次对固定梗线进行了研究，其实，这也因人而异，如果你设计的图案简单，技术娴熟，也可以不用固定梗线，边按住梗线边绣制。

怎样才能确保包梗绣绣出的线条粗细一致？（拉线用力要保持均匀一致，针脚排列整齐。）

分析

这个活动既突出了本课教学重点，通过观察、对比分析，充分发表自己的看法。设计图案可以简单一点，例如直线段的，拐角少、弧度大的等，也突破了本课教学难点，在操作时要注意固定梗线，在固定的时候要用力适度，针脚整齐。

> 教学活动四：实践操作、练习刺绣
>
> 1. 交流想法，说明理由。
>
> 上节课同学们利用平绣针法完成了自己的作品，今天大家可以根据自己情况，继续在原作品适当的位置进行包梗绣，完善绣品，也可以另外设计一幅图案，完成新的绣品，你准备怎么做呢？
>
> 2. 实践要求：
>
> （1）安全操作，针法灵活。
>
> （2）用力适度，针脚整齐。
>
> （3）耐心细致，互相帮助。
>
> 3. 学生分别练习，教师巡视发现问题，及时指导。

》》分析

通过交流想法，提出要求，学生进行练习。

> 教学活动五：展评作品、分享交流
>
> 1. 展示作品：刚才同学们亲自体验了刺绣，咱们一起先来看看完成的部分。（学生欣赏、评价：拉线用力适度，针脚排列整齐。）
>
> 2. 学生评价：看一看哪做得好，哪需要改进？（针对不同的作品，提出不足及改进意见。）

》》分析

展示创新设计，鼓励学生大胆实践，创设互相学习的机会。

> 教学活动六：归纳总结、课后延伸
>
> 1. 这节课你最大的收获是什么？把它记录在评价表里，完成自评和他评。
>
> 2. 找一找：图中哪里用到了包梗绣？（出示 PPT，展示应用）（服装上、床单上等）
>
> 3. 利用课余时间完成作品，下节课我们一起来参观交流，互相学习。

》》分析

建立起劳动技术学习内容与实际生活之间的联系，体现劳技课的重要价值。

四、能力提升

（一）案例分析

案例一

综合实践主题活动《校园公益标志》

（案例作者：北京市陈经纶中学分校　张雪燕）

导入活动：调查汇报

上节课我们初步了解了什么是公益标志，老师给同学们布置了一项作业"调查我们学校哪些地方需要设置公益标志"。在课下，老师和几位同学也对我们的学校进行了调查（出示录像）。现在，请你们结合刚才的短片和自己的调查结果，汇报一下我们的校园内哪些地方需要公益标志？为什么？（巩固理解公益标志的作用）公益标志位置图——出示："校园公益标志"

活动1：标志设计

（1）教师引导学生分析公益标志表现方法。

出示一个公益标志图案，分析标志所表现的主题、标志表现方法（联想、夸张），找出标志的特征——构图特征。

谈话：这个公益标志要表达的主题是什么？它的特征是什么？（你是从哪里看出它所表现的主题的？）这个公益标志的构图是什么样的？

（2）出示其他公益标志，运用刚才的研究方法对其进行分析。

出示其他公益标志：主题、特征、构图。

请你从主题、特征、构图三个方面分析这些公益标志（小组活动）。

（3）教师总结归纳：主题明确，特征明显，构图简单。

活动2：争当小小设计师

根据同学们的设计意图，动手为校园中不同的位置初步设计公益标志。（体现公益标志的实用性）

谈话：我们了解了公益标志的特征，也调查了校园中哪些地方需要设置公益标志，那就请你赶快动手，为我们的校园设计公益标志吧。（教师指导）

活动3：作品展示

汇报自己设计的公益标志。（公益标志设置的位置是什么？设计的意图是什么？）

教师总结：这节课，我们初步设计了校园公益标志，同学们的设计都非常出色，下节课我们将继续完成校园公益标志的制作，希望同学们把我们自己设计的标志放在校园中，让它们发挥自己的作用，让我们的校园更加和谐、美好。

案例反思：通过课前的问题，学生会寻找校园公益标志，然后结合短片和学生的资料总结归纳设计校园公益标志的要求，接下来学生就进行设计，作品展示就是对本节课学生掌握情况的有效测查，层层递进，所有的教学活动都是为了教学目标的实现，时效性很强，而且主题来源于生活，学生会感兴趣。

优点：_____

_____

不足：_____

_____

修改：_____

_____

案例二

综合实践主题活动《愿小苗茁壮成长》

（案例作者：北京市陈经纶中学嘉铭分校　宫羽婷婷）

一、课前调研

（1）你喜欢自己动手种些植物吗？

（2）你种植过植物吗？

（3）你种过茶凤仙花、珊瑚豆、五彩椒吗？

（4）对于茶凤仙花、珊瑚豆、五彩椒这三种植物你了解多少？简单说说。

（5）不论你是否种植过，你现在想种什么植物？

（6）如果给你几粒种子你要如何种植？

（7）你认为如何进行观察是比较科学的？

（8）你认为在种植的过程中可能会存在什么问题？

（9）对于种植中的问题你可以解决吗？

针对调研结果老师的思考：

在种植过程中，植物的发芽、生长情况会对学生心理有所影响，诸如长成了会有"成就感"、种植过程会是"快乐的"，出现的问题中会有"种子无法发芽""发芽缓慢""植物因各种问题死掉"等，正面的情况会激起学生对种植本身的研究热情，而负面的情况也会使学生产生消极情绪。针对这一点我的思考是，将学生分组，每个组每个人都可以有一种植物，而这些植物是所有同学共同的研究对象，这样便可以在一定程度上减少负面情况。

考虑到学生有过的种植经验也十分简单，我设计在课前引导学生提出自己与这个主题有关的问题，并做一个关于种植技术与植物知识的研究，使学生能够简单了解我们种植植物的基本情况以及种植技术，为后面的实践奠定理论基础。种植的种子除了学校可以提供给学生的珊瑚豆、五彩椒、茶凤仙花三种以外，学生可以选择自己喜欢的植物种子来进行种植。

调研中，我发现学生对于科学的观察法掌握得并不理想，便引导学生制作一个观察记录本，记录项目预设为"时间""植物变化""发现问题及解决办法""收获与感受""照片"等，让学生通过亲手制作观察记录本激发他们在种植过程中做好准备、认真观察发现问题并及时详细记录的积极性。

二、活动目标：

（1）研究种植技术、植物有关的知识，形成很好的动手能力、收集处理信息的能力、科学的观察能力、发现问题解决问题的能力，并能够在教师帮助下自主实践种植过程。

（2）经历研究性学习的过程，运用种植技术与获得的植物相关知识完成种植活动。

（3）通过种植实践活动，发现动手栽培的意义、劳动的意义、生命的意义，逐步形成热爱自然、热爱生活的情感，养成合作、分享、主动尝试体验的个性品质。

三、活动流程

活动流程	教师活动	学生活动
活动准备阶段	介绍活动主题、研究背景，指导学生收集和整理种植的相关问题，并针对整个种植过程制订可行的活动计划	先对种植提出问题，包括技术相关的和所要种植植物相关的问题，并针对问题以及自己的需求制订整个种植过程的活动计划
活动实施阶段	指导学生的实践活动，调动多方资源，为学生提供指导和帮助，通过观察记录本，记录种植过程中植物的变化、发现的问题、问题如何解决、学生的感受等	了解种植有关的技术以及要种植的植物特征、生长习性、种植过程的注意事项等。种植中制作观察记录本，及时记录植物的生长变化、发现的问题是如何解决的、学生自己的个人感受
总结交流阶段	组织学生讨论汇报、交流和评价种植过程中的发现、体会以及对于植物种植的希望等。	制订汇报计划，根据汇报计划对整个主题活动进行汇报展示交流
拓展延伸阶段	宣传学生种植的植物，使学生在自身的种植体验中发现问题的积极性得到提高，并且引导学生继续尝试不同植物的种植，跟踪指导学生继续种植的过程，提供支持和帮助	制定宣传方案，实施宣传，交流感想，选择一种与学校提供的植物不同的、自己喜欢的植物继续种植

四、教学过程

（一）活动准备阶段——了解任务、研究问题

1.导入活动

介绍研究主题——让学生知道研究的内容是什么，思考相关的问题。介绍研究背

景——知道进行这次研究活动的意义和价值，激发学生研究的主动性。

教师活动：介绍本次活动主题、主要任务、研究背景和整体设计。

学生活动：①小组讨论，归纳目前对于种植过程所需要了解的知识以及可能遇到的问题。②针对本组的种植需求以及可能遇到的问题，围绕着"种植哪种植物""了解所种植的植物""会遇到哪些问题""种植步骤""任务分工""注意事项"等几方面制定资料搜集方案。

2. 活动动员

种植之前对所要种植的植物以及种植技巧有所了解，将对整个种植过程有极重要的帮助。学生小组讨论，从自身需求角度归纳出需要了解哪些知识。预设：了解植物的特征、生长习性、种植要点等，了解种植技术、种植过程中的记录方法等。小组讨论后，对于种植需求会有自己不同的观点与问题，制定资料搜集方案，可以明确搜集哪些资料、采用哪些方式搜集这些资料，以保证种植前能尽可能搜集到全面的种植资料。

教师活动：指导学生讨论种植过程中所需要了解的知识以及可能遇到的问题，制定资料搜集方案。

学生活动：通过教师的介绍了解，①本次活动的主题以及主要任务是什么；②本次主题活动研究的背景和意义；③主题活动的整体设计。

（二）活动准备阶段——搜集资料、汇报交流

1. 资料搜集

学生自主搜集资料的过程是对于种植过程的整体了解，教师讲授不如指导、辅助学生自主搜集资料，以便学生在搜集资料的过程中，对种植过程有一个知识性的了解，为后面的实践奠定基础。

教师活动：鼓励并指导学生搜集所需资料。

学生活动：通过多种研究方法搜集资料。

2. 整理汇报资料

不同小组的学生搜集到的资料不一定相同，小组内部整理材料，然后进行汇报交流，对于搜集过程引导学生进行简要评价，对于不同小组的资料，各个小组可以相互补充，达到共享，为后面的种植实践奠定充足的知识基础。对汇报进行评价，可以让学生发现汇报中的问题，提高汇报能力。

教师活动：引导学生整理分析资料，汇报交流。评价预设：对小组成员搜集资料的参与程度、搜集资料是否充实、汇报形式是否新颖等项目，进行小组内部评价、组间评价、教师评价。

学生活动：①对于所搜集的资料进行整理分析；②汇报所搜集的资料，相互补充手中资料；③相互评价汇报过程。

（三）活动实施阶段——设计种植计划、实施种植

考虑到植物生长过程相对较长，因此要在实施种植前制订一个种植计划，让学生清楚实施种植的正确方向。一方面可以促使学生对自己的想法进行整体的梳理，另一方面教师对学生的水平以及掌握程度也会更加了解，可以较为准确地把握学生的思路。观察记录本是在种植过程中十分重要的工具，旨在让学生从实际观察中随时记录下植物的变化、发现的问题和解决方案以及种植过程中的体会。

教师活动：引导学生依照现有的条件与资料，制订种植计划并实施。

学生活动：①从"种植时间"、"种植地点""小组分工""种植步骤""种植记录""注意事项"几个方面制定《助小苗苗壮成长·种植计划》；②实施种植，准备观察记录本，其中包括"记录时间"、"变化"（文字描述）、"发现的问题"、"解决方案"、"感受和思考"、"照片"等项目。

（四）活动总结阶段——展示交流

对整个种植过程进行梳理和反思，选取过程中精彩的、学生种植体验到的或者对种植活动有借鉴意义的进行设计和汇报。通过展示交流活动，将资源与体会分享给其他小组。发现在汇报中存在的问题，实施评价，逐步完善提高汇报能力。

教师活动：指导学生总结讨论，制定汇报方案并实施。注：提示学生汇报中要加入种植感受与思考这一因素。

学生活动：①小组讨论进行汇报时需要用到哪些资料、运用哪种方式进行汇报、怎样汇报，并最终制定汇报方案。②各小组根据汇报方案进行展示、交流。各组进行描述性的评价，并提出合理建议。预设：汇报与评价重点针对整个主题的研究与实施过程。

（五）活动拓展延伸阶段

激发学生继续种植的兴趣，将在三种植物的种植研究过程中所学到的知识、获得的能力，发散到自己喜欢的植物的种植上去。让学生体会种植的乐趣以及研究问题、解决问题的乐趣。

教师活动：协助学生开一个校园植物园博会，并引导学生将种植过程中所有的收获制作成研究报告。选择一个感兴趣的植物继续种植。

学生活动：①设计开一个校园植物园博会，把所种植的植物展现给老师、家长或者其他年级的同学。②制作一份研究报告。③选择一种感兴趣的植物继续研究种植。

优点：_____

_____

不足：_____

_____

修改：_____

_____

（二）案例设计

请依据本单元能力标准的要求，结合自己熟悉的一节课，科学表述教学目标，并进行教学活动中其中一个主要活动片断的设计并说明设计意图。

学科：_____

年级：_____

课题：_____

教学目标：

_____

_____

_____

_____

教学主要活动设计：

_____

_____

_____

_____

五、学习反思

（一）学习总结

_____

_____

_____

_____

（二）反思

（1）自己在进行教学活动设计时，存在哪些问题？

_____

_____

_____

（2）你怎样理解"教学活动的有效设计"？

_____

_____

（3）你在"教学活动设计"的哪些方面有了提高？请结合教学实例谈一谈自己的体会。

_____

_____

（4）本单元的学习对于自己的教学实际工作有哪些帮助？

_____

_____

阅读资料

教学设计的相关理论：

加涅曾在《教学设计原理》(1988年）中，将教学设计界定为"是一个系统化 (systematic) 规划教学系统的过程。教学系统本身是对资源和程序作出有利于学习的安排。任何组织机构，如果其目的旨在开发人的才能均可以被包括在教学系统中"。

帕顿 (J. V. Patten）在《什么是教学设计》一文中指出："教学设计是设计科学大家庭的一员，设计科学各成员的共同特征是用科学原理及应用来满足人的需要。因此，教学设计是对学业业绩问题（performance problems）的解决措施进行策划的过程。"

赖格卢特（Charles M. Reigeluth）对教学设计的定义基本上同对教学科学的定义是一致的。因为在他看来，教学设计也可以被称为教学科学。他在《教学设计是什么及为什么如是说》一文中指出："教学设计是一门涉及理解与改进教学过程的学科。任何设计活动的宗旨都是提出达到预期目的最优途径（means），因此，教学设计主要是关于提出最优教学方法的处方的一门学科，这些最优的教学方法能使学生的知识和技能发生预期的变化。"

梅里尔 (Merrill) 等人在新近发表的《教学设计新宣言》一文中对教学设计所作的新界定值得引起人们的重视。他认为："教学是一门科学，而教学设计是建立在这一科学基础上的技术，因而教学设计也可以被认为是科学型的技术 (science-based technology)。"

美国学者肯普给教学设计下的定义是："教学设计是运用系统方法分析研究教学过程中相互联系的各部分的问题和需求。在连续模式中确立解决它们的方法步骤，然后评价教学成果的系统计划过程。"

能力要点3　教学媒体运用恰当

本专题培训目标

（1）知道教学媒体的概念，清楚恰当运用教学媒体的标准。

（2）通过实例分析，发现运用教学媒体时存在的问题，进行自我反思。

（3）教学设计当中，能够根据一些原则或标准合理安排教学媒体使用，以有效达成教学目标。

一、问题的提出

教学媒体是传递教学信息的工具。按照印刷分类可以分为两类：一类是印刷媒体，又称书媒体，包括教科讲义、习题集、实验实习指南、学习指导书等；另一类是电教媒体，又称非书媒体、媒体，包括幻灯片、录音教材、电影教材等。本单元以电教媒体为主来研究教学媒体的相关内容。

（一）课堂活动

（1）课堂教学中，合理运用教学媒体，你存在哪些困惑？

_____

_____

_____

（2）谈谈你对电教媒体优势的看法。

_____

_____

_____

（3）下面这个教学片断中是否合理运用了教学媒体，谈谈你的看法。

《信息技术（第二册）》第一单元中《用电子邮箱传递信息》教学片断：

教师行为	学生行为	教学媒体运用情况
1. 揭示学习内容 同学们，今天我们学习——申请电子邮箱，用电子邮箱传递信息。 2. 学习制作方法 （1）电子邮箱的工作原理是什么？我们来看幻灯片 （2）都有哪些网站有免费的电子邮箱？ （3）我们以网易邮箱为例，看看怎样申请。 （4）这是已经申请好的邮箱界面，这里可以发邮件、收邮件等	观看教师展示课件	展示 PPT 制作的课件，主要是展示内容：①图片展示了电子邮箱的基本工作原理。②简单介绍了各大网站中免费的电子邮箱。③以某一免费邮箱为例，用图片介绍申请邮箱的步骤及注意事项。④截图介绍申请邮箱的界面，常用功能。⑤图片介绍邮件传递信息的方法
3. 申请邮箱 请你申请一个免费邮箱，并给同学发送邮件	操作申请邮箱	

（二）运用教学媒体中存在的问题

1. 完全否定教学媒体的价值，课堂中完全不运用

有些教师整节课都不使用任何教学媒体手段，这不是不可以，但是要视学科和教学内容而定。

例如：在信息技术教学课堂中，学生学习"画图"软件中"直线工具"的使用方法。整节课中教师仅用语言带领着学生一步一步操作直线的画法，学生根据教师语言提示进行操作。由于没有直观的视觉体验，学生学习效果不理想，教学目标达成度不高。

2. 过度使用媒体教学

相对于不用媒体，过度使用媒体也未必能起到好效果。

例一：在综合实践活动课"方便食品的秘密"中，在汇报展示环节，教师一直用演示文稿展示自己搜集的资料，展示资料筛选的结果和自己所得出的结论，大约 20 分钟时间都在让学生被动地听和看这些信息，学生很容易疲惫，失去兴趣。

教师展示单一种类的课件时间较长，学生容易视觉疲劳，课堂效果不好。同理，教学媒体展示种类过多，杂乱无章，也容易让学生的信息混乱。

例二：三年级劳动技术课，技术实践类"剪纸"一课中，教学内容应当以技法操作指导为主，教师却利用视频、图片、文字、音乐等多种教学媒体着重讲解剪纸的历史、剪纸的样式，展示过于繁复的剪纸样张或范例，整节课没有操作与指导等实践内容。同样，也没有达到本课的教学目标。

3. 教学媒体使用不熟练，影响课堂节奏

在教学媒体使用中，还有一个不容忽视的问题，就是使用媒体技术的熟练程度。科技在发展，多媒体硬件设备也在不断更新，教师操作是否熟练会影响课堂效率。例如：超链接出现错误、视频不能正常播放、实物投影切换出现问题、实物投影调整大小、图像调整

清晰度……这些问题都会影响课堂的效果。

　　4.教学媒体使用不得当，影响学生的注意力

　　课堂中得当的教学媒体可以给学生视觉听觉的冲击，达到如身临其境的效果。但是媒体中需要注意的问题很多，例如，在信息技术"超链接"一课中，教师为了让学件生动可爱，加入了很多的 gif 图片，动态的图片反而影响了学生的注意力。

二、标准解读

（一）要点说明

1.媒体教学概念

　　媒体是指承载、加工和传递信息的介质或工具。当某一媒体被用于教学目的时，则被称为教学媒体。教学媒体是教学内容的载体，是教学内容的表现形式，是师生之间传递信息的工具，如实物、口头语言、图表、图像以及动画等。教学媒体往往要通过一定的物质手段来实现，如书本、板书、投影仪、录像以及计算机等。

2.教学媒体分类

　　按媒体发展的先后可分类为传统教学媒体和现代教学媒体两种。传统教学媒体是指在教学中，在教师口头语言的基础上，为更丰富地传递信息而采用的一些简单的媒体材料。如：书本、图片、画册、黑板、模型、实物、小型展览等。随着现代信息技术和媒体技术的发展，在教学手段、策略、模式等要求上，会产生一些以计算机为主的多种媒体结合使用的现代教学媒体，比如数字多媒体教学平台。

　　按印刷分类：印刷媒体和非印刷媒体。

　　按使用媒体的感觉器官分类：①听觉媒体；②视觉媒体；③视听媒体；④交互多媒体。

　　按媒体的物理性质分类：①光学投影教学媒体；②电声教学媒体；③电视教学媒体；④计算机教学媒体。

　　按使用方式分类：教学辅助媒体和自学媒体。

3.教学媒体的意义

　　教学媒体是在教育、教学活动中，传递教育、教学信息的载体或中介，是教学系统的重要组成部分，形成了教与学的资源环境。各种教学媒体不仅在课堂教学中发挥着作用，更极大地促进了继续教育、终身教育的发展。教学媒体的有效应用，可以有效地促进教与学。

4.教学媒体的功能

　　（1）提高教学效率和教学质量。

　　应用教学媒体可以充分调动学习者的参与程度，使学习者与教学内容、教学环境之间进行有效的交互作用，促进学习者的认知过程，提高教学效果。教学媒体经过精心设计与制作，可以增加课堂的教学信息量，并通过丰富多样的形式传递教学信息，使学习者能够学得更快、学得更好。

　　（2）激发学习兴趣，引发学习动机，拓展思维。

　　教学媒体种类繁多，表现形式也多种多样。为知识的传授平添了许多乐趣，从而激发

了学习动机和学习兴趣。另外，教学媒体通过对教学内容的生动展现，促进学生的想象，拓展了学生的思维空间。

（3）转变师生角色，改变师生观念。

传统的教学观念中，教师是知识的传授者，学生是知识的接受者。现代教学媒体的使用，扩大了知识传送的范围。教师可以通过教学媒体引导学生进行探究性学习。对教师来说，是教学生寻找信息，使这些信息相互联系起来，并且对信息做出合理判断。学生可以在教师的引导下独立完成学习任务。

（4）拓宽了教学的时间和空间。

现代化教学媒体不受时间和空间的限制，学生可以在不同时间、不同地点学习知识。现代化教学媒体特别适合那些因特殊原因不能够在指定时间和地点学习的人。现在的远程教学平台也极大地方便了学生的学习，数字学校、校园网、微课网等为开设"无疆"课堂奠定了基础。

5. 教学媒体的选用依据和原则

选择教学媒体要依据教学目标、教学内容、教学对象和教学条件。例如，对于较抽象、学生难于理解的教学内容可以选择一些直观的教学媒体，增加学生的感性认知。

现在教学媒体设计和选择的基本原则包括以下几点。

（1）最小代价原则。

设计和选择教学媒体，力求做到以最小的代价得到最大的收获。

（2）共同经验原则。

设计和选择的教学媒体，它所传输的知识经验，与学生已有的经验必须有若干相同的地方，否则学生难于理解、掌握。

（3）多重刺激原则。

设计和选择教学媒体，应注意从不同角度、侧面去表现事物的本质特征，让所讲对象在不同的时间、地点、条件下多次重复出现，用不同的形式表现同一内容。

（4）优化组合原则。

各种教学媒体都有各自的优点，也有各自的局限性。各种教学媒体的有机组合能扬长避短、优势互补，取得整体优化的教学效果。但是，教学媒体的组合要以取得最佳教学效果为出发点，而不只是形式上的简单相加。

6. 影响教学媒体选择的因素

由于具体的教学目标、教学对象、教学内容不同，以及不同媒体可以传递相同的信息，不同媒体也可以具有相同的特性，所以教学媒体的选择并不存在刻板的一一对应的关系。研究表明，影响教学媒体选择的因素有以下几个方面。

（1）教学任务方面的因素。

如教学目标、教学内容、教学方式等。选择什么样的教学媒体来传递经验，首先要考虑教学目标。因为有些媒体可能更容易激发学生对所学知识的回忆，有些媒体可能更适合用来演示需要学生掌握的技能。也就是说，有些媒体比其他媒体更适合某种学习类型。其次，要考虑教学内容的特点，即所要传递的经验本身的性质。如果所要传递的是一种感性的具体经验，则必须在非言语系统中选择合适的媒体。如果所要传递的是一种理性的抽象经验，则除了要有必要的非言语系统的媒体相配合外，必须选择言语系统的媒体，否则就难以完成传递任务。教学方式不同，可供选用的媒体也往往不同。如采用直接交往方式来传递经验时，可用口语系统的媒体；采用间接交往方式来传递经验时，一般用书面言语系统。所以，教学方式也是选择媒体的一个依据。

（2）学习者方面的因素。

教学媒体对经验的传递作用，取决于经验接受者的信号接收及加工能力，如感知、接受能力，知识状况，智力水平，认知风格，先前的经验，兴趣爱好及年龄等。学生年龄不同，经验发展水平不同，其内在的编码系统也不同；对教学媒体的接受能力不同，采用的教学媒体也应有差别。

（3）教学管理方面的因素。

如教学的地点和空间，是否分组或分组的大小，对学生的反应要求，获得和控制教学媒体资源的程度等。

（4）技术方面的因素。

如硬件的费用、软件开发费用、媒体维修的费用、教辅人员的培训费用等。此外，还要考虑媒体的质量、操作媒体的难易程度、媒体对环境的要求、媒体使用的灵活性和耐久性等。

需要指出的是，教师在教学设计的媒体选择中，常常只考虑教学任务和学习者这两方面的因素，这是可以理解的，因为教师是教学过程的具体执行者和实施者，自然从"需要"的角度考虑多一点儿。但是，对教学媒体的管理和技术因素也应予以重视。因为，教学媒体的选择应该既考虑教学需要什么媒体，又要顾及现实可能为教学提供什么媒体，因地制宜地运用教学媒体促进学生的学习。

7. 教学媒体的运用

教学媒体的使用可分为两类：一类是在学校课堂教学中运用，另一类是在远距离教学中运用。

（1）在学校课堂教学中的运用。

学校课堂教学中运用教学媒体一般包括：课前准备、课前预演、课堂展示和反馈强化四个阶段。

课前准备。准备工作包括：①环境准备，就是要落实演示媒体的场所及相关设备条件，如准备影幕、确定场地等；②准备教学媒体材料，教学媒体材料包括硬件和软件；③做好使用教学媒体的课时教学计划，也就是要写出详细教案，教案内容应有演示教学媒体的目的、内容、时间（包括什么时候开始用，大概演示多长时间）、过程及相关的解说等。

课前预演。通过预演，达到：①熟悉教案，检查教案的安排是否科学合理；②检查媒体材料准备情况；③检查教室环境，如检查电路电线、灯光照明、教室空间大小、师生座位排列等。

课堂展示。教师在展示教学媒体时，要注意：①教师本身就是一个媒体，要充分利用自己的语言、表情、动作来辅助教学媒体传达教学信息；②注意选择一个比较好的位置和姿势，比如，展示图片时不能遮挡学生的视线，放录音时不能和学生或他人在课堂上谈话等；③要配合相应的教学方法，熟练运用媒体；④控制学生注意力，在整个展示过程中，教师都应始终控制学生的注意力。

反馈强化。媒体展示完毕，教师应让学生把感受和反应反馈给自己，一是给学生提供参与的机会，强化媒体给他们带来的感受，二是检查媒体的使用有无达到目的以及发现使用中的缺漏以便以后改进工作。

（2）远距离教学中的运用。

远距离教学与课堂教学相比，它在内容、方法、规模上有很大的自由度。它所使用的都是现代化的通信媒体，如电视、计算机、网络等。

目前采取的主要形式：一是把教师直接"请到"每一个学生的家里来"讲课"，是教师课堂讲授的直播和实况录像，如广播电视讲座。其特点是即时性强，教学方法单一，制作方便简单。二是把教学内容制作成集声音、图像、动画、字幕为一体的电视片、录像带或学习软件，如各种科教电视、电影片和教育类光盘等。这种形式需要按严格的编制程序制作，制作难度较大，但因形象生动，教学效果比较好。三是利用网络，建立数字学校或网络学校，进行远程教学。它的特点是学生自主学习的空间较大，可根据自己的实际情况确定学习步骤和进度；在学习过程中，学生碰到问题的时候，可随时向教师请教，教师也能在较短时间内把意见反馈给学生。

（二）本标准对不同层次教师能力达标的要求

能力要点	合　格	良　好	优　秀
教学媒体运用恰当	能够根据教学目标和内容选择运用教学媒体	能够根据教学目标和内容合理选择、恰当运用教学媒体	能够根据教学目标和内容合理改进并综合运用教学媒体

合格：在教师教学媒体运用能力上，强调能够根据教学目标和内容选择运用教学媒体。各种教学媒体各有优势，要根据教学内容选择切实的教学媒体。如劳动技术课程中，实物投影是非常实用的媒体，细小部位的处理方法、图例的讲解、教师或学生的演示，通过实物投影，很清晰地展示在学生眼前，直观地演示，起到很好的突出重点、突破难点的作用。

良好：能够根据教学目标和内容合理选择并恰当运用教学媒体。在合理选择教学媒体后，还要能够合理运用教学媒体。也就是说，在具备运用各种媒体的技能的基础上，要注意教学媒体的使用方法，注意教学媒体出示的时机，充分挖掘媒体在教学中的作用。

优秀：能够根据教学目标和内容合理改进并综合运用教学媒体；能够改进现有课件，合理选择素材，并综合运用多种教学媒体，达到"最优化"。

三、案例及案例分析

案例一

《信息技术（第二册）》第四单元《制作演示文稿》中"美化演示页"一课。

本环节的设计意图：通过三个任务，帮助学生了解"背景要根据内容需要进行设计"，突出文字内容时，文字颜色和背景颜色反差要大；文字的颜色比较多时，背景颜色不要繁多，尽量简洁；选择图片作为背景时，图要尽量符合文字所表达的内容，做到相得益彰。任务二的设计意图为，图片背景乱也不是全不可取，根据自己的需要进行选择。学生根据任务需要，对背景进行设置，并通过汇报交流发现存在的问题，引起注意。

教师行为	学生行为	教学媒体运用
老师这里有三个任务，通过完成任务，你发现设置背景时需要注意什么？ 任务一：不改变文字格式，设置背景。要求突出文字效果。 任务二：给这些小动物找到合适的"藏身"之所。要求不能改变动物的大小，可以改变方向和位置。 任务三：给古诗配上合适的背景，并适当调整文字格式，图文并茂。	学生观看大屏幕上展示的任务及要求	利用大屏幕展示，学生机没有用广播软件控制

案例参考分析

这个环节是利用完成任务操作的过程中，领悟理解设置背景的一些要求。教师利用大屏幕将要完成的任务呈现给学生，学生机没有任何控制。有良好听讲习惯的学生能够按照教师的要求观看大屏幕，听懂要完成的任务和一些后续要求；没有良好听讲习惯或是还没有完成上一个学习任务的学生，很有可能还继续沉浸在自己的学习当中，没有跟上现在的进度；视力有些问题的学生可能因为看不清屏幕的内容而不确定要完成的任务。这些都影响了课堂效果。

调整建议：教师设计的教学环节紧扣教学内容和要实现的目标，有效利用广播软件，能够起到事半功倍的效果。当教师要明确一些重要的问题时，一定要有效地使用广播软件，信息技术课学生一人一机，是动手实践很强的课程，学生容易沉浸在自我学习当中，忽略了教学进度和重要的知识内容，为此教师要及时利用广播软件，将下面学习的内容要求"强制"告诉学生。案例中，教师可以这样处理，利用大屏幕和广播软件同时出示学习内容和要求，学生机上也是同样的内容，即可解决上面提到的看不清屏幕和注意力不集中的学生的问题。信息技术课堂中，教师除了可以利用广播软件很好地把握课堂节奏，同样可以利用它来组织课堂教学。

案例二：

《劳动技术（五年级下册）》木工单元的技术实践课

《砂纸板》的第一课时"设计砂纸板"

（案例作者：朝阳区左家庄第二小学　李海峰）

在本教学片段中，学生通过观看视频，了解砂纸板在生活中的应用，并且意识到基本结构和样式的砂纸板并不适用于生活中的所有需要。通过实物投影，把小组的研究结果呈现在大家面前，听、看统一，更好地进行思维交流，碰撞出更多的设计火花。PPT图片展示各种各样的砂纸板在生活中的应用，进一步开阔学生的设计思路。

教　师	学　生	教学媒体运用
观看录像，发现不足，寻找解决方法 教师提问：请你找一找，我们现在使用的这种砂纸板有什么不方便的地方？ 教师提问：为什么会出现这种情况？可以怎样解决？ 教师提问：这些方法分别有什么优势和不足？请将本组的研究结果填写在表格中。 哪组愿意把本组的研究结果与大家进行交流？ 教师小结 深入生活，了解需求，明确设计要求 请你想一想，还有哪些地方会用到砂纸板？有什么特殊需要？怎样解决？ 教师小结	学生观看录像 学生小组讨论、汇报 小组填写表格 学生汇报 组内说一说。 汇报交流	播放视频： 　基本结构和样式的砂纸板打磨墙壁：把手位置不合适，手被磨红了；耗材，打磨一会整个砂纸板就一起扔掉了；耗时，很长时间才打磨了一小块地方。 实物投影： 　出示研究表格 　将本组的研究表格呈现在实物投影下 PPT图片展示： 　各种各样的砂纸板在生活中的应用

案例参考分析

视频、图片虽然都属视觉刺激，但所产生的效果是不一样的，视频更加流畅和连贯，配有声音使学生更能感同身受，在短时间内能传达出更多的信息。在这个案例中，教师选择用视频展现生活中的一个事例，用了很短的时间，呈现了大量信息，在相同时间内是其他形式所不能比拟的，这就用最短的时间达成了预期目标。实物投影方便、快捷地呈现出了本节课堂中生成的研究结果，便于同学之间的交流、讨论、改进、完善。PPT图片展示出各种各样的砂纸板在生活中的应用，一个画面就是一个场景，拓宽学生设计思路的同时，也给学生提供了设计方法，可谓一举两得。教学媒体使用要遵循的一个原则就是"优化组合原则"。每种媒体的使用都有各自的优缺点，有效组合即可扬长避短。

案例三

综合实践五年级活动主题《设计早餐食谱》
第三课时 "设计出营养均衡、搭配合理的早餐"

（选自：新源里第四小学 施俊玲）

本主题研究为五年级中的一课。学生存在这样的实际情况：因为家长忙，来不及给孩子做早饭，有时在外边小摊上随意吃点儿，有时一连几天总是重复那几样食物。教师了解到这种情况在全校学生中还是普遍存在的，为此进行了本主题的教学研究。

在课堂教学中，学生通过交流活动知道了每天吃早餐的重要性，营养均衡、搭配合理的早餐对自己的身体健康是有好处的，同时再一次验证了吃早餐的必要性。因而，在教学中教师利用交流、体验活动，修正完善学生的认知。

教师活动	学生活动	教学媒体运用
一、导入 1.谈话：同学们，上节课我们知道了吃早餐的重要性。认识了食物金字塔，知道每天的早餐要由碳水化合物、维生素、蛋白质、少量的油脂组成 2.小结并过渡：今天我们来设计既好吃又有营养的早餐。设计早餐食谱（板书）	学生回忆上节课所学知识	 多媒体展示演示文稿营养金字塔

教师活动	学生活动	教学媒体运用
二、新知与实践 （一）我们先来看一位营养师为我们提供的营养早餐食谱。看过后你有什么发现吗？受到什么启发？小组同学讨论一下 　1. 在课前，我们每个人都对自己一周早餐情况进行了记录。结合上节课的学习，你觉得你一周的早餐达到营养均衡了吗？搭配得合理吗？如果合理，一会儿说说你是怎样设计的。如果不合理，说说哪有问题，问题出在哪儿，怎样修改。小组进行讨论	学生观察发现问题 　营养均衡 　搭配合理 　吃了多少	多媒体出示营养早餐食谱
2. 教师小结：有的同学认为早餐过于单一，每天都重复那几样。有人认为早餐中缺少维生素。下面我们依据食物金字塔和营养师给我们提供的早餐，试着来自己设计一份早餐食谱 （二）谈话 　同学们可以借鉴你们之前的食谱进行设计，也可以不参考，进行一个全新的设计（修改在表格下方） 教师提出要求： 　1. 设计一份 1 人量早餐 　2. 设计的早餐营养均衡，搭配合理 　3. 标出每种食物吃多少 （三）选出一组进行评价，发现问题后，再次进行修改。 （四）谈话：今天老师还给同学们提供一组图片，一会儿同学们可以把图片贴在你修改好的食谱上，向同学们进行展示 （五）教师提示 　1. 你们组是如何设计的？ 　2. 为什么这样设计？ 　3. 有哪些注意事项？ （六）学生实际操作进行设计 （七）展示交流评价 　谈话：每组都设计完成了。下面我们进行展示评价，一个小组介绍时其他组同学认真倾听。 （八）每组都进行了汇报，下面每组选出一名同学代表本组进行投票 　教师小结：通过每组的展示，我们知道了早餐搭配要合理、营养均衡，同学们也说出了自己的建议。如有搭配不合理的地方课下进行修改 （九）通过今天的学习你知道了什么？ 三、小结 　老师建议你们把一周的早餐再进行修改，提供给爸爸妈妈，以便他们每天都能为你做出营养丰富的早餐。关注自己的健康和树立积极的生活态度	小组内同学拿出自己的记录表分析自己的早餐搭配是否合理、均衡 学生设计出一天的早餐食谱 同学和老师共同评价 每天早餐要营养均衡，搭配合理	实物投影出示学生一周早餐情况记录表 PPT 演示文稿出示教师提出的要求 多媒体展示作品，说明设计理念

案例参考分析

本节课主要在五个环节中使用了教学媒体，其中在"导入"与"教师提出要求环节"，着重体现教学媒体在课堂中的重要性，也是提醒学生重点要关注的环节，引起学生进行组内研究，提高学生对问题的分析能力。在一周食谱记录表中使用教学媒体带动学生直观地发现问题、解决问题，教师在课堂中对学生进行方法的指导，并能合理地使用教学媒体。

四、能力提升

（一）案例分析

案例一

（案例作者：花家地实验小学　宋婷婷）

信息技术"画图"中《翻转与旋转》一课。这是本课的导入环节，通过"乌龟一家"的活动，揭示本节课要学习的内容——翻转旋转操作。

教学环节（一）尝试翻转与旋转命令

1. 介绍（媒体使用：广播软件展示课件《乌龟一家》）：今天乌龟一家要到照相馆拍照。在路上，排在最后的小乌龟被后面的景物吸引了，转过了身，乌龟爸爸不小心摔了一跤。

应用画图程序，将乌龟爸爸翻过来，让乌龟宝宝转过身跟着大家顺着一个方向走。

提示：请你打开"出发图"，根据以前的学习经验，找一找、试一试、帮助乌龟的方法！

2. 学生展示讲解方法。（媒体使用：利用广播软件展播学生演示操作）

学生操作1：选定—图像菜单—翻转/旋转—水平或者垂直翻转。

学生操作2：选定—快捷菜单—翻转/旋转—旋转180度。

学生操作3：水平翻转后再垂直翻转与180度旋转效果相同。

还有其他方法吗？（菜单和快捷菜单）

3. 板书来总结。

板书：

选定—图像菜单

快捷菜单—翻转/旋转

水平翻转、垂直翻转（180度旋转）

4. 观察翻转和旋转对话框，除了水平翻转、垂直翻转（180

度旋转），还有什么选项？

板书：其他选项

这些选项会有什么效果？与翻转和旋转有什么区别？带着这些问题，我们进入一个练习。

教学环节（二）通过实际操作和小组交流，总结和归纳翻转与旋转命令。

1. 请打开"练习图"，根据提示完成翻转或旋转操作，完成后小组一起交流。

（1）先来看翻转，谁来说说水平翻转是什么效果？（广播软件转播演示）

老师总结：以选定图形的纵向中心线为轴进行的翻转是水平翻转

实物演示：原图和效果图的对比。看他们背对背，像不像照镜子？在画图中，它是镜面效果的翻转。

（2）垂直翻转。

垂直翻转是以横向中心线为轴进行的翻转，它也是镜面效果的翻转。

（3）旋转。

旋转90度是什么效果？旋转180度呢？270度呢？它的方向是：顺时针方向

（4）我们再通过课件演示一下：（广播软件转播课件）

大家看旋转是在黑板上这个平面上就能完成的，翻转能在平面上完成么？翻转与旋转的区别是什么？

案例分析

案例中哪些环节用到了媒体教学，请在文中标注出来，这些媒体的使用体现了哪些应用原则，任选其中一个环节进行分析。

案例二

劳动技术《设计针线包》

（案例作者：北京市朝阳区酒仙桥中心小学　毕春莉）

教学环节：逐层观察、归总方法

1. 大家摸一摸这个针线包，它是什么材料做的，看一看针线是怎样存放的。（媒体使用：在演示文稿中出示问题）

2. 学生讨论交流。

3. 有了初步的认识，请大家再细致地观察一下，它是由几块材料加工而成的？组成上分为几部分？用的是什么针法呢？这回看哪组发现得快。（媒体使用：课件出示问题）

4. 你们发现了吗？（媒体使用：课件出示答案）

5. 看来我们对针线包又了解了一点。不过，这个针线包存放简单用具还行，如果需要存放的用具多一点就有些局限了，像观察1中所说的，东西都混在了一栏里，找起来不方便。所以结合需求，我们也可以将它进行进一步的设计和完善。（板书：设计）

6.怎么改进呢？课前大家从生活中收集了一些存放针线的用具，老师这也有一些，咱们先来研究研究这些用具，看看从中能不能受到点启发。一会儿各组组长领取一个，大家结合观察提示单，边观察边思考：这些用具是什么形状的？它里面装有什么缝纫工具，都是干什么用的？然后再观察观察它有几层，每层有几栏，为什么这么设计？最后看看，它里面的用具是怎样存放的？结合观察可以在提示单上进行简单记录。时间五分钟，抓紧。

7.围绕这几个问题，谁来介绍介绍你们选择的用具？（实投显示问题提示单，让学生结合问题汇报）

8.分析了这么多用具的设计，你们想到了针线包的设计可以从哪入手了吗？

预设：学生想到了形状设计。追问：外形可以设计成什么形状呀？（圆形、心形等）所以改变造型就可以实现外形设计了。不过，外形的设计不宜过于复杂，要方便加工、要实用。那除了形状改变，针线包自身还能变化吗？比如划口、缝合。加一点材料成吗？（加个带、缝个布套）这样就可以多出一些功能了，所以也可以从功能上来设计。（结合交流板书）另外，针线包的大小设计也要合适，既便于携带，又要能存放物品。（板书：大小设计）

9.老师这有一些作品，我们来感知一下，（划口自身加工、加套添加材料）说明每种设计方法，并进行加工指导。

案例分析

案例中哪些环节用到了媒体教学，请在文中标注出来。任选其中一个环节进行分析，谈谈自己对这些媒体使用的想法。

_____

_____

_____

_____

_____

_____

_____

_____

_____

案例三

综合实践活动课程《走近交通标志》第一课时：提出问题，确定研究主题

（案例作者：新源里第四小学　施俊玲）

教师活动	学生活动	教学媒体使用
（一）情景导入 1. 我们先看一段视频，这段视频中你看到了什么？这些标志都是什么？ 2. 你在哪里见过交通标志？ 3. 为什么要设置交通标志呢？ 4. 交通标志对我们外出安全起到了非常重要的作用。你了解交通标志吗？今天我们就一起走近交通标志 　出示课题《走近交通标志》 （二）发现问题 1. 老师这里有一组交通标志的图片，你有什么发现？ 2. 关于交通标志你想了解些什么？ 3. 刚才有些同学提出他们想要了解的问题，我想其他同学也有自己想要了解的问题，请同学们将你想到的问题写一写 4. 写好的同学将你的问题展示在投影上 5. 组内讨论，在这些问题中你有什么新的发现？怎样处理？ 6. 从黑板上同学们的分类中，你发现了什么？ 7. 还能不能提出不同的问题？ 三．提出问题 1. 问题已经分类了，各组讨论一下你们想研究哪个问题。各组在整理好的问题中先提出3个问题，后2个作为备选主题。各组进行讨论 2. 小组汇报：语言表述准确，把主题语言表述清楚。 3. 组内确定了研究主题，用什么方法进行研究？小组进行讨论 四、课外拓展 本节课我们确定了小组研究主题，下节课各组针对主题制订出研究计划	从学校社区交通标志导入，激发学生学习兴趣 　学生：看到了很多标志。 　学生：马路上、高速路、社区、小区等 　学生：提醒人们遵守交通规则，注意安全 　学生：颜色不同、作用不同、意义不同等等 　学生：想了解交通标志的作用、形状、颜色 　生：形状、颜色、意义、作用、用途、起因、分类、国内外、有哪些好处 　学生：有的问题一样，有的问题重复。把相同的问题进行整理再分类 　学生：形状、颜色的很多 　学生：意义、用途、分类等 　学生：为什么交通标志颜色不同？交通标志的形状都有哪些特点？交通标志有哪些作用？为什么要有交通标志？设置交通标志有什么意义吗？国外交通标志有哪些特点？交通标志都有哪些用途？交通标志是如何分类的？ 　小组讨论	 　视频冲击让学生初步感知交通标志就在我们身边 　运用多媒体设备出示资料 　多媒体大屏幕显示小组同学想到的问题 　利用媒体资源展示组内提出的问题

案例分析

　案例中哪些环节用到了媒体教学，请在文中标注出来。在媒体使用中，有哪些想法，任选其中一个环节进行分析。

（二）教学媒体使用设计

通过对教学案例的分析，请选择一个学科中的某一个教学内容，按照教学媒体设计的依据和原则，设计某一个使用教学媒体的环节，重在描述设计意图和预期达到的效果。

学科：_____

年级：_____

课题：_____

教学目标：

_____

_____

教学主要活动设计：

_____

_____

_____

_____

_____

五、学习反思

（一）学习总结

_____

_____

（二）反思

（1）结合教学媒体使用能力要点检核标准，反思自己教学实践中存在哪些问题。

_____

_____

（2）通过能力要点学习，反思在"合理运用媒体教学"的哪些方面有了提高？

_____

_____

（3）当学生不能在校学习时，你准备怎样利用教学媒体完成教学内容？举例说明。

_____

_____

多媒体教学的发展历程

多媒体教学其实古已有之，教师一直在借助于文本、声音、图片来进行教学。但是在20世纪80年代开始出现采用多种电子媒体，如幻灯、投影、录音、录像等综合运用于课堂教学，这种教学技术又称多媒体组合教学或电化教学。从90年代起，随着计算机技术的迅速发展和普及，多媒体计算机已经逐步取代了以往的多种教学媒体的综合使用地位。因此，现在我们通常所说的多媒体教学是特指运用多媒体计算机并借助于预先制作的多媒体教学软件来开展的教学活动过程。它又可以称为计算机辅助教学（Computer Assisted Instruction，CAI）。

多媒体结构特点及功能

多媒体计算机辅助教学是指利用多媒体计算机，综合处理和控制符号、语言、文字、声音、图形、图像、影像等多种媒体信息，把多媒体的各个要素按教学要求进行有机组合并通过屏幕或投影机投影显示出来，同时按需要加上声音的配合，以及使用者与计算机之间的人机交互操作，完成教学或训练过程。

所以，多媒体教学通常指的是计算机多媒体教学，是通过计算机实现的多种媒体组合，具有交互性、集成性、可控性等特点，它只是多种媒体中的一种。

它利用计算机技术、网络技术、通信技术以及科学规范的管理对学习、教学、科研、管理和生活服务有关的所有信息资源进行整合、集成和全面的数字化，以构成统一的用户管理、统一的资源管理和统一的权限控制。侧重于学生可随时通过WiFi接入校园网及互联网，方便地获取学习资源，教师可利用无线网络随时随地查看学生的学习情况、完成备课及进行科研工作。其核心在于无纸化教学的实施，及校园内无线网络的延伸。

多媒体系统的组成

一个完整的多媒体计算机系统是由硬件和软件两部分组成的。其核心是一台计算机，其外围主要是视听等多种媒体设备。多媒体系统的硬件是计算机主机及可以接收和播放多媒体信息的各种输入/输出设备，其软件是多媒体操作系统及各种多媒体工具软件和应用软件。

多媒体教学的改革

免管理多媒体教室控制系统是一套开放型、智能型、科学型多媒体教室建设方案。

系统设计符合数字化校园的总体构想，包括普通的数字信息、视音频信息、控制信息等，是校园现代教育技术数字化思想在多媒体教室系统中的完美延伸。

免管理系统是由多套设备经过整体的结合并进行统一智能控制的高科技系统。该系统充分优化了教学设备的配置和管理，大大节约了老师的上课时间，使课堂教学走向简单化、智能化。

多媒体教学的优势

自进入20世纪90年代以来，多媒体技术迅速兴起、蓬勃发展，其应用已遍及国民经济与社会生活的各个角落,正在对人类的生产方式、工作方式乃至生活方式带来巨大的变革。

因为多媒体具有图、文、声并茂甚至有活动影像这样的特点,具有许多对于教育教学过程来说特别宝贵的特性与功能,这些特性与功能是其他媒体(例如幻灯、投影、电影、录音、录像、电视等)所不具备或不完全具备的。多媒体技术是以计算机为中心,把语音处理技术、图像处理技术、视听技术都集成在一起,而且把语音信号、图像信号先通过模数转换变成统一的数字信号,这样做以后,计算机就可以很方便地对它们进行存储、加工、控制、编辑、变换,还可以查询、检索。充分发挥多媒体教学的优势,对于培养学生的创造思维,具有重要作用。

大家知道,在传统的教学过程中一切都是由教师决定,从教学内容、教学策略、教学方法、教学步骤甚至学生做的练习都是教师事先安排好的,学生只能被动地参与这个过程,即处于被灌输的状态。而在多媒体计算机这样的交互式学习环境中,学生则可以按照自己的学习基础、学习兴趣来选择自己所要学习的内容,可以选择适合自己水平的练习,如果教学软件编得更好,连教学模式也可以选择,比如说,可以用个别化教学模式,也可以用协商讨论的模式,使计算机像学习伙伴一样和你进行讨论交流。也就是说,学生在这样的交互式学习环境中有了主动参与的可能,而不是一切都由教师安排好,学生只能被动接受。按认知学习理论的观点,人的认识不是外界刺激直接给予的,而是外界刺激与人的内部心理过程相互作用产生的,必须发挥学生的主动性、积极性,才能获得有效的认知,这种主动参与性就为学生的主动性、积极性的发挥创造了很好的条件。

人机交互、立即反馈是多媒体技术的显著特点,是任何其他媒体所没有的。多媒体计算机进一步把电视机所具有的视听合一功能与计算机的交互功能结合在一起,产生出一种新的图文并茂的、丰富多彩的人机交互方式,而且可以立即反馈。这样一种交互方式对于教学过程具有重要意义,它能够有效地激发学生的学习兴趣,使学生产生强烈的学习欲望,从而形成学习动机。交互性是多媒体计算机所独有的,正是因为这个特点使得多媒体计算机不仅是教学的手段方法,而且成为改变传统教学模式乃至教学思想的一个重要因素。

那么,与普通教学相比,多媒体教学的优势在哪里

直观性:能突破视觉的限制,多角度地观察对象,并能够突出要点,有助于概念的理解和方法的掌握。图文声像并茂,多角度调动学生的情绪、注意力和兴趣。

动态性:有利于反映概念及过程,能有效地突破教学难点。

交互性:学生有更多的参与,学习更为主动,并通过创造反思的环境,有利于学生形成新的认知结构。通过多媒体实验实现了对普通实验的扩充,并通过对真实情景的再现和模拟,培养学生的探索、创造能力。

可重复性:有利于突破教学中的难点和克服遗忘。

针对性:使针对不同层次学生的教学成为可能。

大信息量、大容量性:节约了空间和时间,提高了教学效率。

能力要点 4　教学组织方式有效

本专题培训目标

（1）知道教学组织方式的含义、发展历程、教学常用的组织方式等相关知识。

（2）了解教学组织方式的种类，能分辨出同位交流、小组合作、全班讨论等教学组织方式。

（3）通过本单元学习，明确教学组织方式评价标准，并努力达到优秀水平。

（4）根据教学内容和学生情况，运用恰当的教学组织方式，提高课堂教学的实效性。

一、问题的提出

（一）课堂活动

（1）请你说一说什么是教学组织方式？

_____

_____

（2）说一说你在教学中，都运用过哪些教学组织方式？

_____

_____

（3）谈一谈你对教学组织方式有效的理解？

_____

_____

（二）教学组织方式存在的问题

1. 教师对教学组织方式的概念不清晰

教师对教学组织方式的内涵、发展过程和常用种类等问题不清楚，也不了解在教学史上先后出现的影响较大的教学组织方式，有个别教学制、班级上课制、分组教学和道尔顿制等。还有些教师对教学组织方式的种类认识不够。

2. 教学组织方式较为单一

随着社会政治经济和科学文化的发展及其对培养人才要求的不断提高，教学组织方式也在不断发展和改进。虽然现在的课堂以班级授课制为主要组织方式，但教师除全班上课外，还应该根据教材的重难点、学生的实际，合理选择合作的契机，开展同位交流、小组合作、全班讨论等课堂组织方式，使得师生之间、学生之间利用多种多样的组合方式交流。

3．教学组织方式缺乏实效性

教学组织方式不是固定不变的，在活动过程中，随时会有意外的问题发生。如果这些问题得不到及时有效的解决，往往会阻碍活动的顺利开展。因此，教师除按照事先设计的方式开展教学外，还要介入学生活动，为他们提供及时有效的指导，及时发现问题，及时更换教学组织方式，使之具有实效性，让学生真正受益。

综上所述，以上问题产生的原因，一是部分教师对教学组织方式的内涵和种类认识不够，二是部分教师还不能够选择适合的教学组织方式开展有效的教学活动。

二、标准解读

（一）要点说明

教学组织方式是为完成特定的教学任务，教师和学生按一定要求组合起来进行活动的结构。教学组织方式不是固定不变的。

1．教学组织方式的内涵

在教师的教与学生的学所构成的教学活动中，必然存在教师与学生如何组合起来发生相互作用，如何对时空条件进行有效控制和利用的问题，这就是教学组织方式的问题。采用合理的教学组织方式，有助于提高教学工作的效率，并使各种有效的教学方法、手段得以在相应的组织形式中加以运用。教学组织形式的改进总是同教学方法的改革，乃至整个教学模式的改革融为一体的。教学组织形式同教学方法及整个教学模式的这种关系，决定了教学组织形式合理与否，对教学活动的开展和教学效果的取得具有直接的意义。

2．教学组织形式的主要类型和发展过程

（1）个别教学。

我国宋代以前的各级官学和私学，欧洲古代和中世纪的教育均采用个别教学的形式，它是漫长的奴隶社会和封建社会中主要的，甚至唯一的教学组织形式。个别教学就是教师在同一时间、以特定内容、面向一个或几个学生进行教学。这种教学组织形式办学规模小、速度慢、效率低，但却能较好地适应个别差异。17世纪以后随着班级授课在世界范围的普遍采用，个别教学就成了教学的非主要组织形式。但在20世纪五六十年代，个别教学在欧美各国重新受到重视。

（2）班级授课。

17世纪捷克教育家夸美纽斯在其《大教学论》中提出了班级授课制，即把一定数量的学生按年龄和知识程度编成固定的班级，根据周课表和作息时间表安排教师有计划地向全班学生集体进行教学的制度。19世纪中期，班级授课制成为西方学校主要的教学组织形式。我国最早采用班级授课制是在1862年创办的京师同文馆，并在1904年的癸卯学制中以法令的形式确定下来，并沿用至今。

（3）导生制。

18世纪末至19世纪初，还出现过英国的贝尔－兰开斯特制，也称"导生制"。教师选年龄大些、成绩好些的学生为"导生"，先给他们讲授教材，再由他们转教其他学生，这种教学组织形式难以保证教学质量，所以它并未持续很久。

（4）分组教学。

19世纪末、20世纪初，为了适应现代生产的需要和现代科学技术的发展，为了调和阶级矛盾，一些资本主义国家延长了义务教育的年限，扩充和更新了学校的一些教学内容。一些资产阶级教育家为了适应儿童的学习程度，适应学生的个性差异，对班级授课制实行改良或改革。分组教学又分为：①能力分组，学生学习的课程相同，学习的年限不同。②作业分组，学生的学习年限相同，学习的程度不同。中国在20世纪初曾有极少数学校试验过分组教学；分组教学能照顾学生的学习水平和能力差异，但同时也给各类学生在心理上造成不良影响。

中国中小学以班级授课制为基本组织方式。为了因材施教，有时也采用小组教学和个别教学，作为辅助形式。

（5）开放教学。

第二次世界大战期间，由于战乱，破坏了正规教育的进行，故20世纪30年代初在英国出现了开放教学这种教学组织形式。60—70年代，开放教学流行于美国，主要在幼儿学校和初等学校实行。它强调尊重儿童的天性、兴趣和需要，强调儿童的自然发展，不拘传统教学的结构，没有固定教学计划、教材和教室，不同年龄、不同程度的儿童聚集在一起，根据各自的爱好选择各种学习活动。开放教学依据的是资产阶级"进步教育"的理论。

（6）协作教学。

20世纪50年代初，美、英等国为了解决提高教学质量与中小学师资不足的矛盾，提出了一种教学组织形式——协作教学。它由教师、实验教学人员、视听教学人员和图书资料人员组成教学小组，共同研究拟订教学计划，然后分工合作，协力完成教学计划。协作教学试图同时发挥教师的集体力量和个人专长，并能充分利用图书、仪器等教学设备。

（7）现场教学。

1958年，我国贯彻教育与生产劳动相结合的方针，在实践过程中较广泛地采用了现场教学这种教学辅助形式。它能给学生提供丰富的直接经验，有助于理解和掌握理论知识；并通过实际操作，能培养学生运用知识于实践的能力，同时为师生接近工农、接触社会主义建设的实际创造条件。

（8）复式教学。

教学组织方式中的学级编制，除单式教学外，还有复式教学。复式教学是教师在同一教室里，用不同的教材分别对两个或两个以上年级的学生进行的教学。教师给一个年级的学生讲课，同时组织其他年级的学生自学或做作业，使各项活动有计划地交替进行。它在一定条件下对普及教育具有积极的意义，是班级授课制的一种特殊的组织形式。

（9）设计教学法。

设计教学法就是主张废除班级授课制和教科书，打破传统的学科界限，在教师的指导下，由学生自己决定学习目的和内容，在自己设计、自己负责的单元活动中获得有关的知识和能力。这是一种实用主义的教学制度，由杜威的学生克伯屈所创。它强调教学的任务在于利用环境引起学生的学习动机，帮助学生选择活动所需要的教材等。由于教学目的的不同，设计活动分创作、问题研究、技能训练等，其一般程序为：决定目的、制订计划、实行、评价。

（10）道尔顿制。

1920年，美国的H·柏克赫斯特在马萨诸塞州的道尔顿中学创建了一种新型的教学组织形式，人们通常称之为道尔顿制。道尔顿是指教师不再通过上课向学生系统地讲授教材，而只为学生分别制定自学参考书、布置作业，由学生自学和独立作业，有疑难时才请教师辅导，学生完成一定阶段的学习任务后，向教师汇报学习情况并接受考查。但道尔顿制过高地估计了学生的主动性，教师在教学中的主导作用受到限制。

3．我国主要采用的教学组织方式

（1）班级授课制。

我国现在的教学组织方式是班级授课制。班级授课制又称课堂教学，是把一定数量的学生按年龄特征和学习特征编成班组，使每一班组有固定的学生和课程，由教师根据固定的授课时间和授课顺序（课程表），根据教学目的和任务，对全班学生进行连续上课的教学制度。

在班级授课制下的教学中，师生之间、学生之间的交流也存在着多种多样的组合方式，如同位交流、小组合作、全班讨论也是重要的教学组织方式，是对班级授课制的有利补充。

（2）同位交流。

学生之间的个别互助在班级授课制下常表现为同位交流，也就是同桌间的交流。它普遍适用于学生之间相互提问、共同复习或就学习中某部分的内容进行对话，以及在实际操作活动中互相帮助等情况。

（3）小组合作学习。

在综合实践活动课程中，我们还会经常采用小组合作学习方式，这种教学组织方式使学生之间有直接合作的机会。每个学生客观上存在差别，通过小组成员之间充分地交换意见和讨论，可以集思广益、取长补短，也有利于培养学生集体活动的能力、学习的自主性，学会与别人配合等良好的性格特征。小组成员具有互补的学习经验和高效的合作方式是合作学习成功的关键。

（4）全班讨论。

全班讨论是以全班集中的方式进行的讨论。这种讨论方式要求较高，主要围绕教材的重点和难点或争议较大的问题组织讨论。全班讨论又可分为直接集中和先分散后集中两种。直接集中就是教师提前布置讨论题和阅读参考资料，然后按预定计划进行集中讨论；先分散后集中就是先分成小组进行讨论，然后再集中讨论，各小组讨论后可推荐代表在全班进行发言，这种全班讨论的教学组织方式，在综合实践活动课中，也经常会运用到。

无论什么方式的教学组织形式，都必须以学生扎扎实实的独立学习为基础，这是别人和小组都无法替代的。因此，教师在组织学生小组合作之前，必须给学生独立思考的空间和时间。

4.教学组织方式的作用

（1）教学组织方式对教学效率、教学规模和教学质量有重要影响。

不同的教学组织方式对教学效率、教学规模和教学质量有不同的影响。与个别教学相比，班级授课制在教学效率和教学规模上的提高是显而易见的。在目前中小学教学实际中是将这些组织方式综合起来运用，有时也根据不同的需要采用不同的组织方法。

（2）教学组织方式对学生知识技能的掌握、个性的形成、情感的发展有一定影响。

不同的学科教学适合采用不同的教学组织方式来进行，教授不同的知识、技能，应灵活运用不同的教学组织方式，以达到教学的最优化。此外，教学组织方式决定了课堂师生交往方式、交往氛围、交往风格，这就间接影响到学生的个性和情感发展。

（3）教学组织方式对教师的教学方式及教学风格有一定影响。

教师对教学组织方式有决定权，可以根据教学目标、教学内容灵活地采用全班或小组、个别教学的方式。我们所要注意的就是不要把这种思想僵化，不要完全受制于此，而要敢于突破，灵活地运用并创新教学组织方式。

5.教学组织方式多样化

同位交流、小组合作、全班讨论的活动方式有效弥补了班级授课制教学的局限性。但是，并不存在某种特定的有利而无弊的教学组织方式。具体采用哪种教学组织方式并没有固定的模式，需要教师对活动的性质、内容做客观的分析，对学生的发展水平、活动中可能出现的情况做充分的预计后，再选择合适的组织方式。

正因为不同的教学组织方式各有利弊，具有互补性，因此在教学活动中要十分注意对它加以综合运用，发挥各种教学组织方式的优点。

（二）本标准对不同层次教师能力达标的要求

能力要点	合　格	良　好	优　秀
教学组织方式有效	能够根据学习需要和特定学生情况，组织同位交流、小组合作、全班讨论等活动	组织活动时，能够掌握恰当分组、有效分工、控制时间等技能	能够调动每个学生参与活动的积极性，并对活动过程中出现的问题进行恰当处理

1. 合格：能够根据学习需要和特定学情，组织同位交流、小组合作、全班讨论等活动

组织教学活动的方式应多种多样，具有实效性。除全班上课外，教师应该根据教材的重难点、学生的实际，合理选择合作的契机，开展同位交流、小组合作、全班讨论，既可以每次课选用不同的教学活动方式，也可以在一节课中有不同的活动方式。

一般来讲，方法不确定、答案不唯一的内容，个人难以独立完成的内容，结果容易产生分歧的内容，可以采用同位交流、小组合作、全班讨论的教学组织方式。在实际操作中，下位知识的学习用于小组合作学习的更多一些，但并不是每节课都必须安排这些活动，应做到可有可无的不安排，不适当的不安排，要选择最好的题目进行合作学习。

2. 良好：组织活动时能够掌握恰当分组、有效分工、控制时间等技能

（1）恰当分组：教师应根据班内实际，有意识地将不同层次的学生按照"组间同质、组内异质"（小组间的水平相同，小组内学生水平有高有低）的原则进行分组，使学生在合作过程中做到组内合作、组间竞争，让每个学生在合作中都有展示自我的机会，让学习有困难的学生在相互帮助中不断提升，让学习优良的学生获得自信。

在编排小组时，教师可以综合考虑每个学生的各方面特点，进行最佳分组。在进行分组时主要考虑以下因素：学生的成就、学生的能力、学生的性别等。教师安排座位时，考虑到要有利于学生开展合作学习。

（2）有效分工：在小组合作中，小组成员还应有一定的分工。分工就是让小组内每个成员都要为小组的学习任务承担一部分责任，从而消除依赖思想，激励每个成员努力参加小组合作学习。合作学习小组内成员的角色可以分为很多类，应根据活动的不同需要及小组人数分配不同的角色，如激励者、检查者、记录者、报告者、操作者等，并提出具体明确的要求，保证每个学生都有参与机会。小组角色应该互相轮换，充分发挥不同学习程度学生的作用，防止分工拉开学生之间的差距，以增进生生互动的有效性。

（3）控制时间：在同位互助、小组合作、全班讨论的实施中，教师在控制时间上容易产生两种倾向：一是活动时间过短。简单的一分钟或几分钟，学生尚未进入状态，活动就结束了。活动中所解决的问题应是有思考价值的，一分钟就能解决是否还需要合作完成呢？产生这个问题的原因，包括教师设计的问题缺乏整体性、过于零碎，导致学生在整个课堂教学过程中都在活动，而每个问题活动的时间都比较短、不深入，从整体上影响教学活动的效果；一些教师担心教学任务完不成，给学生教学活动的时间过短；一些教师把这些教学活动当成是一种点缀、一种象征。二是讨论时间过长。讨论时间过长的原因，主要是教师设计问题过难。另外，小组人数过多或小组成员合作技能和技巧缺乏也是导致教学活动时间过长的原因。

要解决教学活动时间过短或过长的问题，根本在于教师在教学活动设计过程中要有时间意识，要注意根据不同任务确定教学活动的时间。此外，教师还要注意教学活动的节奏，合理安排独立思考、小组合作与汇报的时间。在活动之前，教师应明确提出本次活动的内容和要求，让学生知道要干什么，还要让学生进行独立思考。总之，良好层级的教师必须对交流过程进行有效控制。

3. 优秀：能够调动每个学生参与活动的积极性，并对活动过程中出现的问题进行恰当的处理

（1）调动每位学生参与活动的积极性。

只有充分调动学生参与活动的积极性，才能提高教学活动的效果。首先，教师要根据不同的教学内容设计相应的问题，问题要具有一定的开放性和挑战性，要难易适中。问题过于简单，往往浪费学生的时间；问题太难，又会使学生产生畏惧情绪，不利于学生积极性的调动。其次，组织活动的时机也很重要。在学生独立思考后，处于"愤悱"状态时，学生参与活动的积极性高，活动更有效。最后，要注意调动不同层次的学生，特别是平时不被人关注的学生参与活动的积极性。对于积极参与活动、表现突出的小组和个人进行物质或精神上的奖励。对于不积极主动参与活动，甚至脱离活动的学生，教师应有耐心和爱心，关注他们在活动中的表现，多给他们发言的机会，进行恰当的引导，抓住其"闪光点"及时给予表扬，增强他们的自信心，让他们充分体会到学习的乐趣和被人尊重的滋味，慢慢引导他们加入教学活动。

（2）恰当处理活动中出现的问题。

在活动过程中，随时会有意外的问题发生。如果这些问题得不到及时有效的解决，往往会阻碍活动的顺利开展。因此，教师除观察外，还要介入学生活动，为他们提供及时有效的指导。

小组讨论偏离主题或讨论受阻时，教师应及时发现、及时制止，或为小组讨论提供及时的点拨，引导合作讨论的方向和途径，使小组讨论顺利开展。

在小组讨论出现问题时，教师应及时进行干预和指导，通过巧妙的引导，促使学生深入思考，进而理解问题的本质，甚至转化为教育的契机。

对于个别学生小组的独到见解或创造性思维的火花，教师要及时给予鼓励和支持，适量提出值得学生思考的问题，诱导学生提出自己的见解、观点和解决问题的策略。

优秀的教师应该有效地预防两极分化。除激发学困生学习兴趣、指导学困生预习、利用小组活动时间对学困生辅导外，还应该让小组成员树立荣辱与共的意识，即只有小组所有成员全成功了，我才能成功。此外，还可以根据学习能力，为不同小组提出不同的学习要求，进行不同深度的指导。

三、案例及案例分析

案例一

《综合实践活动（四年级上册）》《走进端午节》

（案例作者：首都师范大学附属朝阳实验小学　孟献花）

《走进端午节》主题活动是在四年级综合实践活动课程中开展的，这一主题共分为三课时，第一课时主要是师生共同了解端午节的历史文化知识。教师通过图片、视频等向学生介绍端午节的知识，也请了解端午节的学生作为小老师向全班同学讲他知道的端午节的故事，在了解了端午节习俗等知识之后，教师说："同学们，刚刚我们一起交流了我国传统节日端午节的相关知识，大家对端午节吃的美食粽子、佩戴的香囊等物品非常感兴趣。马上就要过节了，如果我们能够在端午节时，亲手设计制作一些特色物品赠送给家人和朋友，那不仅可以表达爱，还能传承我国的传统文化。你们想不想研究端午节特有物品是如何设计制作的呢？"在教师激情调动下，同学们肯定想自己动手设计制作。教师再次提问："想一想，端午节有哪些特有的物品可以制作呢？"教师提出问题后，学生立刻想到了五色绳、粽子、龙舟模型和香囊。于是学生们以小组为单位开展讨论，自己小组想设计哪样物品呢？当各组确定好研究对象后，教师再次引导学生思考："想要设计得更出色有什么好办法？"学生回答："收集信息。""各组打算运用哪些方式收集呢？"学生能够想到"上网、图书、市场、问老师"等等方式。于是教师请学生课下以组为单位开展收集信息活动，为第二课时做好准备。

第二课时主要是教会学生运用设计的研究方法完成物品的设计。通过课前信息的收集，学生对设计有了一些想法，课上教师组织学生小组讨论：如何对自己的主题进行整体构思，如细化到材料、工具、形状、颜色、尺寸等。小组依次发言，交流设计思路。教师从学生的发言中总结出设计的原则是：实用、美观、新颖。通过整体构思，小组对本组的主题有了整体的规划，接着进入细致设计环节——画设计图。设计图即可以方便全组同学直观地看到制作后的样子，又为制作奠定了基础。设计完成后，小组展示自己的设计图，其他各组倾听和评价。

第三课时小组共同完成端午节特色物品的制作，各组的作品都能够完成，且符合设计制作的要求。

案例参考分析

本课主要采用了班级授课制、小组合作、班级讨论的教学组织方式，教学组织方式多样。

对于本课的重点内容设计的原则教师运用了两种方式，首先是学生们通过小组讨论，提出小组的设计原则，再面向全班汇报，全班讨论后生成了设计的最终原则，这使得课堂教学有效开展，并激发了学生的学习兴趣。但本课也存在一些问题，例如对学困生的关注不够，对学生学习积极性的调动有所欠缺。

案例二

《信息技术（第三册）》《制作艺术照》
（案例作者：朝阳区白家庄小学　王洁）

在信息技术 Photoimpact 模块中，《制作艺术照》一课学生非常喜欢，通过学习可以制作出异彩纷呈的艺术照片，主要是学习百宝箱中画廊和遮罩库的使用方法。

一、照片对比，激发兴趣

开始让学生对照两张照片，一张是普通照片，另一张是使用 Photoimpact 修改过的艺术照，使学生发现艺术照的精美特效，激发起学生进一步学习的兴趣。

二、观察分析，梳理步骤

让学生观察艺术照是由哪些元素组成的。

学生通过观察会发现，艺术照在原照片的基础上添加了背景、相框、装饰物、文字等元素。这些正是本节课制作艺术照需要用到的知识点。

制作艺术照可以按照"制作背景——添加照片——修饰美化"三个步骤完成。

1. 制作背景

制作背景时，需要使用一个小帮手，它就是百宝箱。使用百宝箱中的遮罩库和画廊，可以快速地为图像选择需要的效果样式。

通过学生的探究和示范讲解，学生能够掌握在百宝箱面板中找到填充画廊，选择合适的样式填充背景。

2. 对原照片使用遮罩并复制到背景中

先让学生观察艺术照中，原照片的变化以及照片与背景的层次关系

学生发现，照片进行了特殊的裁切，而且边缘还有柔化的效果

先让学生找一找百宝箱中有没有可以裁剪照片的工具，通过学生的尝试探究，遮罩库中有一些图案的轮廓与原照片的裁剪轮廓是一样的。

老师拿出一张镂空的纸叠放到一张照片上让学生观察效果。学生发现一张普通的照片变成异形的了。

学生自然会发现用遮罩库的模板去裁剪原照片。

通过动手实践，在和周围同学相互商量、相互帮助的情况下，会有一部分学生总结

出用遮罩库中的图案去剪切照片，再粘贴到背景上，就会收到绝美的效果。

3.进一步修饰美化

"艺术照已经做得初见成效，我们还可以对它进一步美化。为了使艺术照更加漂亮，还可以添加一些装饰物（包括印章、照明、颗粒）、文字和相框等作为点缀。它们都藏在百宝箱里，请你以小组合作的方式，研究一下如何将艺术照修饰得更加漂亮吧！提示：你可以与小组同学讨论、参看自学小提示、寻求老师的帮助。"

每组派一名代表上台汇报，前边组汇报过的方法就不用汇报了。

学生自主探究美化艺术照的操作，教师巡视帮助学生解决问题。

交流汇报：装饰物的添加方法。

（1）百宝箱画廊中的颗粒画廊、照明画廊可为图像增添环境艺术效果和各种火焰效果。

（2）添加艺术字：使用"画廊"中的变形画廊、环绕画廊所提供的效果样式，可以添加形态万千的特效文字。

（3）装裱艺术照，艺术照中的各种元素添加完成后，还可以给艺术照加上漂亮的边框对作品进行装裱。添加边框时，系统会自动将底图缩小，再在图像的最外缘添加所选边框。为了使添加的文字、装饰物与底图图像大小成比例变化，需要将所有对象合并到基底图像中。

三、创作艺术照

"制作艺术照的方法学会了吗？下面就是你们大展身手的时候了，老师为你们准备了三个主题的图片，你可以任选一个制作一张艺术照。"

要求：

作品中包括背景、照片、装饰物；

作品中的主要人物或图像突出；

作品颜色搭配协调、美观；

作品设计有新意；

比一比，谁设计的艺术照最漂亮！

◤◤◤案例参考分析

本案例中，涉及的主要知识点是百宝箱中画廊和遮罩库的运用，以及印章、艺术字、边框的添加，教学难点是画廊和遮罩库的使用探究，是需要100%的学生掌握。面对相对较难的遮罩库的使用，学生没有使用经历，老师采用了班级授课制中的同位交流，通过交流学生的思维更加开阔，互相提醒会使探究学习的效率进一步提高。而对艺术照的进一步美化修饰，涉及很多操作点，包括印章、边框、艺术字的添加等，其实这些方法是相似的，面对有限的课堂时间和相对零散的操作点，老师采用了小组合作的方式，这样学生可以根据自己的水平选择一个或多个操作内容去探究，小组汇报阶段可以让全班同学在最短的时间内学到更多的操作方法，使学习效率进一步提高。

案例三

《劳动技术（六年级下册）》《太空人的制作》

（案例作者：北京市朝阳区南湖东园小学　李宪芳）

《太空人的制作》一课，是利用铆接技术进行太空人的制作。在课堂教学中，教师引导学生了解铆接的特点，观察空心铆钉和实心铆钉铆接的区别，学习铆接方法，把握铆接的松紧程度。在学习之前，教师说："到底怎么铆接呢？咱们分成两组来研究一下，咱们先来看自学提示。请问你是第几小组的？那你们组研究的是哪种铆接方法？"通过简单的交流调动学生的积极性，然后引导学生观察之前学过的机螺丝连接和钉子连接。学生通过小组讨论发现用机螺丝连接两个金属片，钉尾的螺母容易松动，用钉子连接不够紧密，所以用铆钉连接两个金属片是最合适的。引导学生对铆接的位置进行创新设计，开拓创新思路，培养学生的技术创新精神。

案例参考分析

在学习铆接方法的时候，教师引导学生进行分组研究，边研究边试做，充分调动每位学生参与活动的积极性，学生在小组合作和不断尝试的过程中体会铆接的方法。在学习太空人的制作过程中，学生很容易在锤子的使用上出现问题，特别是将实心铆钉的钉尾砸成馒头状，学生往往砸了多次还是不成功。对于这样较为普遍的问题，教师会利用学生演示的机会，指导学生握锤的方法，以及敲击铆钉的力度，如果是个别学生出现的问题，教师会及时给予恰当的纠正和指导。在课堂教学中，教师还引导学生进行合理分工，培养学生分工合作的意识，利用倒计时器的教学手段，引导学生合理把握操作时间，同时教师也能适当把控课堂的时间节点。

四、能力提升

（一）基础训练

（1）教学组织方式的内涵：

（2）教学组织方式的演变过程是（　　　）。

A. 个别教学制　　　　　　　B. 班级授课制　　　　　　　C. 分组教学制

D. 道尔顿制　　　　　　　　E. 小组合作　　　　　　　　F. 班级讨论

（3）对班级授课制教学组织方式的有效补充是（　　　）。

A. 个别教学制　　　　　　　B. 班级授课制　　　　　　　C. 分组教学制

D. 同位交流　　　　　　　　E. 小组合作　　　　　　　　F. 班级讨论

（4）教学组织方式有效的标准分为合格、良好和优秀，请将正确的内容连线。

优秀：能够根据学习需要和特定学情，组织同位交流、小组合作、全班讨论等活动。

良好：组织活动时能够掌握恰当分组、有效分工、控制时间等技能。

合格：能够调动每个学生参与活动的积极性，并对活动过程中出现的问题进行恰当的处理。

（二）案例分析

案例一

《综合实践活动（四年级）》《书包超重的研究》教学片段
（案例作者：首都师范大学附属朝阳实验小学　金诚）

到底是什么原因造成书包超重的呢？晨星小组同学认为是"书包里杂物太多造成了书包超重"，他们讨论研究并分工设计好了两个记录表。

记录表1是用来记录书包每种物品的重量和取出杂物后减轻的重量。记录表2则是用来汇总全组同学杂物的重量，并计算取出杂物后书包是否超重。

（1）操作员先将书包里的物品全部取出来。

（2）全组一起将这些物品进行分类摆放，课本、辅导书、练习本、文具盒、玩具、水瓶。

（3）为了找出哪些是今天用不到的物品，主持人提议对照着课程表进行整理，看今天是周一，我们看到书包里应该有的课本是《语文》《数学》《英语》，这些都有，还多了一本《品德与社会》。两位测量员称出每种物品的重量：课本总重1千克，如果减掉《品德与社会》课本，那他的书包就可以减轻0.3千克。

（4）小组分析笔袋中的笔，重0.2千克，而四年级同学所需要的笔主要是碳素笔，可以带3支。像红圆珠笔、铅笔只要带1~2支就够了。通过分工整理测量、记录，发现不带无用的笔，可以使笔袋减少0.1千克。

（5）操作员数总共有5本教辅书，测量员称重0.8千克。而今天要用的是2本，重0.3千克，记录员及时记录。

（6）这几本课外书和杂志以及飞行棋等重 0.5 千克，他们小组认为完全可以不放入书包。

（7）这个水瓶装满水重 0.8 千克，现在学校都有饮用水，如果路远可以带少量的水路上喝。建议同学们都到学校后再接水，这样只需要带着空水瓶，也就 0.1 千克。

（8）最后是空书包，重量是 1.3 千克。

通过整理书包取出杂物后，记录员发现书包减轻了 1.9 千克。

他们又将全组同学的书包进行了测量、分析，从表格中可以发现，每位同学的书包都能减少 1 千克以上的重量，书包也不再超重。

晨星小组的研究结论是：书包里用不到的物品又多又重，如果将这些物品取出，就可以使书包不超重，所以书包中杂物太多是书包超重的主要原因。

优点：_____

_____

不足：_____

_____

修改：_____

案例二

北京版《信息技术（第三册）》《数学运算》教学片段

（案例作者：朝阳区白家庄小学 王洁）

本课是 scratch 编程模块中关于变量计算的一课。

教学目标：

（1）能够利用变量进行计算，学会使用询问与回答模块，通过变量的比较完成答案判断。

（2）通过分析游戏要求，能够初步建立流程图的框架，并能够对照流程图编程。

（3）进一步提高编写 scratch 程序的兴趣。

学情分析：本课是 scratch 模块的第 15 课时，五年级的学生通过一段时间的学习，初步建立了 scratch 编程的思想，但是学生平时的学习和生活中很少接触到计算机编程，从而造成了一定的差异。40% 多的学生（男生居多）编程能力较强，能够根据编程需要，画出简单的流程图，但是有一少部分学生对编程不太感兴趣，不能够独立编写程序，也没有编程的兴趣。

主要教学环节：

1. 根据需求，提出任务

一年级的数学老师想请大家帮忙编一个程序，让计算机随机出 20 道加法题，加数要控制在 20 以内，让学生输入答案，并判断答案是否正确，在屏幕的左上方显示分数，如果正确分数加 10 分，错误则不加分，便于老师统计分数。

2. 分析程序，设计流程

以小组为单位，讨论程序设计思路，并画出流程图。

（在上课前根据学生的情况分组，每组有一名 scratch 学习水平高的学生担任组长，把不善于 scratch 编程的同学也分到各组。）

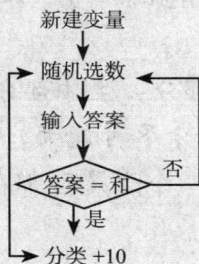

3. 分析流程，对应命令

全班讨论：我们先来以加法为例，说一说要实现这一功能涉及几个角色？（教师角色）还需要什么？（三个变量）分别是两个加数和一个分数。

说一说程序设计的思路。

请同学们按照这个流程图试着用相应的命令实现。

（1）新建变量和随机选数用的是什么命令？选数的范围是多少？（1~20）

（2）哪个模块我们没有用过？

"询问"语句的作用是什么？

如何知道输入的答案是否正确？

通过讨论了解涉及的命令功能和用法.

4. 自主探究，编写程序

先对照流程图，根据自己的理解用相应的命令完成程序的编写。

小组讨论交流，互相借鉴，找出不同的思路，找出一位代表汇报本组程序编写思路。

优点：_____

_____

不足：＿＿＿＿＿＿＿＿＿＿＿＿＿＿＿＿＿＿＿＿＿＿＿＿＿＿＿
＿＿＿＿＿＿＿＿＿＿＿＿＿＿＿＿＿＿＿＿＿＿＿＿＿＿＿

修改：＿＿＿＿＿＿＿＿＿＿＿＿＿＿＿＿＿＿＿＿＿＿＿＿＿＿＿
＿＿＿＿＿＿＿＿＿＿＿＿＿＿＿＿＿＿＿＿＿＿＿＿＿＿＿

案例三

劳动技术课程《课程表架的设计制作》教学片段
（案例作者：北京市朝阳区南湖东园小学 李宪芳）

1. 结构观察

要想制作课程表架，咱们先来整体观察一下，课程表架可以分成几部分？每一部分的作用是什么？

总结：课程表架可以分成两部分：主体部分和支架部分。主体部分是用来展示课程表的，所以要使主体部分尽可能大，支架部分是起支撑作用的。课程表架是否摆放得稳，关键看这四个点是否都在桌面上。

2. 拆开观察

过渡：了解了课程表架的基本结构及各部分的作用，老师找一名同学上来拆一拆，看看主体和支架是怎么连接在一起的。

同学们观察得真棒，我们把这个凹槽叫作插口，插口的设计是我们本节课研究的重点。关于插口你想了解什么呢？

这些都是我们要研究的内容。

3. 研究插口的设计

我们一起来看"插口"研究记录表，一会儿请组长从桌子下面拿出课程表架的样品和研究记录表，带领组员根据插口的位置、深度和宽度这三个方面进行研究，边研究样品边填写研究记录表。

哪个组愿意和大家分享你们的成果？

老师发现了一个问题，插口的宽度为什么非得和泡沫板的厚度相等啊？我想把插口变宽点行不行啊？会出现什么现象？老师找一名同学上来亲自动手试一试？那我把插口的宽度变窄点怎么样？通过验证，我们发现插口的宽度要和泡沫板的厚度相等。

（1）分析设计图。

过渡：有了刚才的研究，下面咱们该画设计图了。我们先一起来看一下这位同学的设计图，请同学们观察一下插口的位置、深度和宽度，你觉得这位同学的设计图可行吗？为什么？

（2）修改设计图。

过渡：通过分析插口的位置、深度和宽度，得知这个设计图是可行的。那是不是所有的课程表架都必须是这个尺寸呢？结合这个设计图，请同学们想一想，如果让你设计一个课程表架，你想设计一个什么样子的？

（3）绘制设计图。

请两个人一组讨论讨论，然后把你自己的设计图画在泡沫板上，一会儿交流。开始！

哪组愿意把你们的设计图与大家分享一下！

优点：_____

_____

不足：_____

_____

修改：_____

_____

（三）案例设计

请依据本单元能力标准的要求，设计一节课教案或一个环节，重点体现教学组织方式有效。

学科：_____

年级：_____

课题：_____

教学目标：

_____

_____

教学主要活动设计：

_____

_____

五、学习反思

_____

_____

（一）学习总结

_____

_____

（二）反思

（1）以往自己设计教学组织方式时，存在哪些问题？

_____

_____

（2）你在"教学组织方式"的哪些方面有了提高？请结合教学实例谈一谈自己的体会。

_____

_____

（3）本单元的学习对于自己的教学实际工作有哪些帮助？

_____

_____

能力要点5　关注个体 分层指导

本专题培训目标

（1）理解个体差异和分层指导的含义。

（2）学会对学生进行全面而恰当的分析，进行合理的分层。学会依据"最近发展区"的原理和"因材施教"的原则进行分层指导。

（3）学会针对各层次学生的需求，分别设计不同的教学目标，采用不同的教学方法，提出不同的作业要求和评价标准。

一、问题的提出

分层教学是在实施素质教育中探索出的一种新的教学方法。这种方法主要是根据教学总体目标，在教学班内针对不同类型学生的接受能力设计不同层次的教学目标，提出不同层次的学习要求，给予不同层次的指导，进行不同层次的检测，从而使各类学生在各自的起点上选择不同的学习速度、练习难度以及层次不同的知识信息，使每个学生都能在原有基础上得到最优发展，从而体现素质教育的全体性特征。

（一）课堂活动

（1）结合自己的课堂，请你谈一谈你是怎样将学生进行分类的，分类中存在哪些困惑？

_____

_____

_____

（2）结合对学生的分类，采取了哪些分层指导？

_____

_____

_____

（3）请你谈谈下面教学设计中是否体现了分层指导？存在哪些问题？

《劳动技术（四年级上册）》《做纸夹》教学目标及简要教学过程：

教学目标

（1）掌握纸夹的基本制作方法，提高动手能力和探究能力。

（2）学生在不断地尝试中理解纸工的价值。

（3）通过纸夹的制作，养成做事认真细致、善于动脑的良好习惯。

教学过程

（1）导入。

（展示纸夹）说一说，纸夹有什么用途？本节课我们学习做纸夹。

（2）自学课文。

• 阅读、思考，在书上画出纸夹的结构和制作步骤，分别用曲线和直线表示。

• 汇报纸夹的结构，做纸夹的步骤。

• 观察讲解。做内芯时，尺寸有何依据？挡头的尺寸依据是什么？挡头折的次数根据什么？外皮的尺寸依据是什么？

• 演示组装过程。

（3）动手操作，注意安全。

（4）展示作品，小结要点。

（二）存在问题

目前，教师在设计教学过程中往往存在以下这些问题：

1. 教学目标没有体现不同学习个体的分层目标

在撰写教学设计的教学目标时，很多教师习惯于把自己放在教学主体的位置，习惯将教材中的知识当成教学目标的主要部分，缺乏对学生知识基础、能力水平、学习态度、情感价值观等方面的深入分析和思考，缺乏针对不同层次的学习个体设定不同层次教学目标的意识。

2. 教学过程没有体现不同层次学生学习的差异性

受应试教育思想的影响，多年来，我们的教师仍然普遍存在忽视学生个体差异，用串讲串问、严格照搬教材内容的思路进行教学的现象。有些教师能够适当地安排一些探究活动，但也只是浮于表面的设计，学生还是按照老师设计好的路线行走，课堂上没有任何个性化的体现与指导，教学呈现出"我讲，你听；我问，你答；我教，你学；我安排，你执行"的简单机械模仿过程。这种做法使得学习好的学生能够按照书上的要求完成实践任务，但是缺乏想象力，学习有问题的学生自暴自弃，成为课堂上的捣乱分子，久而久之，便挫伤了这些学生学习的积极性和主动性，使"差生"的比例越来越大。在这种情况下因材施教，让所有不同的学生都得到相应的发展，就显得尤为迫切和重要了。

3.评价过程缺少标准，缺乏层次性的体现

教师无论是在课堂上的随机评价中，还是在课堂小结环节的评价中，都缺乏对评价目标的思考，缺乏评价指标的制定，缺乏对不同层次学生评价方向及标准的思考。在评价过程中，往往只是流于形式，只是给实践成果出色的学生提供展示成品的机会，只是告诉自己以及听课教师，学生在我们的课堂上到底有多少人完成了任务。例如：在课堂评价中，很多老师和学生用得最多的评价语言就是"你真棒""作品不错"，等等。我们缺乏的是对我们课堂价值的挖掘，缺乏的是对每个学生个性化收获的发掘，缺乏的是对不同层次学生学习兴趣的维护和自我价值的认定。长此以往，我们的课堂会出现很多问题：①学生会错误地认为课堂的目标就是仿照书上完成任务，从此失去自主的想法和创造力。②不知道如何去评价自己及他人，不知道自己需要怎样调整，需要向他人学习什么。质量意识和学习意识的养成无从谈起。③问题学生在这样的评价过程中永远也找不到自我价值，久而久之，彻底失去了学习的兴趣。

从以上分析中我们可以发现：新课标理念下的综合实践活动，在全面分析学生、关注学生个体差异、实施分层指导等方面确实需要引起我们重视。在这种情况下，因材施教让所有的学生都得到相应的发展，这显得尤为迫切和重要。捷克教育家夸美纽斯曾明确地指出："教给学生的知识，必须是青年人的年龄和心理力量的许可，一切事情的安排都适合学生的能力。"分层次教学就是要最大限度地为不同层次的学生提供这种"学习条件"和"必要的学习机会"。在教学过程中，针对学生不同的个性特征与心理倾向、不同的知识能力和接受能力，要因人而异分层制定出不同的教学目标，提出不同的教学要求，施以不同的教学内容，采取不同的教学方法，以最大限度地调动每一个学生的学习积极性，促进学生均衡和谐地发展，促进学生整体素质的提高和个性发展，激励学有余力、学有专长的学生超前发展。

二、标准解读

（一）要点说明

1.个体差异的内涵

学生身心发展在一定年龄阶段上具有一定的稳定性和普遍性，但由于每个人的生理素质、环境和教育的影响以及个人的努力程度等方面的差异，致使各年龄阶段中每个学生的身心发展水平表现出其特殊性和差异性。一个班级中的学生，在学习习惯、行为方式、思维品质和兴趣爱好等方面都存在不同，表现在学习需求和能力发展上也不尽一致，学生的这种差异叫个体差异。

2.分层教学的内涵

分层教学是教师根据学生现有的知识、能力水平和潜力倾向把学生科学地分成几组其内部学生水平相近的群体并区别对待，这些群体在教师恰当的分层策略和相互作用中得到最好的发展和提高。

3．个体差异与分层次教学的结合策略

关注个体差异，分层次指导，根据不同学生的基础能力、爱好、品质等智力和非智力因素，将学生进行合理分层。针对各层次，分别设计不同的教学目标，采用不同的教学方法，提出不同的作业要求和评价标准，从而实施不同层次的指导，使各层次的学生能在现有"最近发展区"上不断创造出更高水平的"最近发展区"，促进学生的发展。

（1）根据个体差异进行学生分层。

首先，结合实证分析学生情况的结果，我们可以从学生智力因素、非智力因素、原有知识水平与能力差异等角度，根据学生的学习可能性水平将全班学生分为高、中、低三个层面。在分层中，为了减少负面心理效应，我们采取学生自择、师生协商、动态分层等方式相结合的做法。而且，学生要知道：分层是自我明确的，是相对的，是会随着不同的任务而改变的，是为了帮助每个人找到更加适合自己的发展轨道，我们的最终目的是一致的。这样，学生在充分的理解下，才会正确地认识和接受分层，正确地认识自我，树立自信，不断地追寻更高层次的目标。

在了解学生的个体差异时，可以参考《"十二五"中小学教师培训教材——教师教学基本能力解读与训练小学综合实践》一书中，关于实证分析学生情况专题所描述的内容，从分析了解学习者起点能力、分析了解学习者风格、分析了解学习者学习动机等方面入手。

其中，学生的起点能力一般指学习者对从事科学的学习具备的有关知识、技能的基础，以及有关学习内容的认识和态度。具体内容包括：学习者认知基础的分析、学习者知识起点的分析以及学习者技能起点的分析。例如：在设计《干花袋》一课的教学时，为了了解学生对先前缝纫知识掌握的情况和缝纫技能情况，教师在课前用短短的10分钟进行了一次缝纫针法大比拼的活动。活动中，要求学生利用自己带来的废旧衣服先裁剪出一块长方形的布料，然后将自己所学的针法展示在上面，看谁在最短的时间缝制出的针法最多、效果最好。在这个活动中，教师不仅可以观察到学生对这一类实践项目的参与热情，而且可以从实践过程和实践成果中感受到学生的知识能力层次，从而合理地对学生进行分层，对不同层次的学生进行不同层次的设计和指导。

其次，我们也可以从学习者学习风格上来分析学生，按学习风格将学生分层。在各种学习情境中，每一个学习者都是带着自己的特点进入学习的。因此，要实现真正意义上的个别化教学，必须了解学习者的学习风格，并在此基础上为每一个学习者提供适合其特点的学习计划、学习资源和学习环境。

由于学习风格的研究历史不长，至今尚未有公认的定义，有人认为："学习风格是学习者持续一贯的带有个性特征的学习方式，是学习策略和学习倾向的综合。这里学习策略指学习方法，而学习倾向指的是学习者的学习情绪、态度、动机、坚持以及对学习环境、学习内容等方面的偏爱。有些学习策略和学习倾向会随学习任务、学习环境的不同而变化，而有些则表现出一贯性，成为一种相对稳定的个性特征。那些持续稳定地表现出来的学习策略和学习倾向就构成了学习者所具有的学习风格。"目前关于学习风格的研究比较多，大多侧重于认知的研究，也有从情意的、综合的维度对学习风格进行研究的。（节选自《学习者学习风格分析》）

当然，学习风格本身没有好坏之分，每一个人都有自己独特的学习风格，对于教学设计者而言，充分地了解学生的学习风格，就可以合理地对学生进行分层，根据相同学习风格的学生特点，更好地处理学习风格与教学内容的组织、教学方法的运用、教学媒体的选择之间的关系，从而为学生提供更加适合他们的教学和分层指导。

例如：在《劳动技术（四年级下册）》《纸娃娃》一课的教学中，教师利用课堂观察，充分了解了本班学生的学习风格倾向，并在此基础上进行精心设计，使各层各类的学生都获得了自己的收获。

案例一

《劳动技术（四年下册）》《纸娃娃》教学片段。
（案例作者：北京市朝阳区左家庄第二小学 李海峰）

1. 实物导入

2. 研究锥体的折法

（1）想一想，可以通过什么方式来研究锥体的折法呢？

（折法流程图、半成品图观察、成品拆解、观看小视频……）

根据不同的学习方法，老师为你们准备了相应的学习资源。请同学们选择适合自己的学习方法，并根据选择重新分组，相同方法的为一组。

（2）小组说一说，你们准备怎样利用学习资源进行学习？

小组汇报，同学、老师提出建议。

（3）分组利用学习资源进行折法研究。

（4）分组汇报本组的研究成果。

（5）通过刚才同学们的尝试，你认为哪一步最难？

3. 教师难点示范

同学们都认为，翻转后再折出四个小角最难，老师有一个小诀窍，请你认真观察，看看这个诀窍适合不适合你。

教师实投演示，边演示边讲解。

在这个教学案例里，教师结合对学生学习风格的分析和分层，准备了丰富的学习资源，学生根据自己的特点和需要选择了适合自己的学习方法。我们通过语言感受、视觉冲击、触觉感知等多种形式，让不同层次的学生对于折锥体有了充分的认识，这样非常有利于学生自主地开展研究。

最后，我们还可以从学习者学习动机的层面去思考学生的分层问题。学习者学习动机，是指直接推动学生进行学习的一种内部动力，是激励和指引学生进行学习的一种需要。我们普遍认同以下说法：对知识价值的认识（知识价值观）、对学习的直接兴趣（学习兴趣）、对自身学习能力的认识（学习能力感）、对学习成绩的归因（成就归因）四个方面，是学生学习动机的主要内容。学习动机和学习是相辅相成的关系。学习能产生动机，而动机又能推动学习。一般来说，动机具有加强学习的作用。所以，课堂上，对于学习动机明确的孩子，可以多安排一些自主的学习活动，教学中的设计开放度可以适当扩大，而对于学习动机不是很明确的孩子，可以利用其喜好的游戏或者是实践活动来激发他们的好奇心和求知欲，通过转移动机，让他们具有学习的需求，用所学得的知识去完成实践活动。

例如：在《信息技术（五年级）》《猫捉老鼠》一课的教学中，教师结合学生的年龄特点和学习动机，对孩子们进行了一定的分层。学习动机明确的孩子主动思考程序的编制，而缺乏学习动机的孩子为了更好地参与游戏，也在进行着积极的思考与尝试。

案例二

《信息技术（五年级）》《猫捉老鼠》教学片段

（案例作者：北京市朝阳区酒仙桥中心小学　宋京妍）

教学环节一：创设情境　激发兴趣

（1）游戏——猫捉老鼠，游戏规则是鼠标控制老鼠移动，躲避猫的抓捕，如果被猫抓到，游戏结束。

（2）请同学边玩边思考：老鼠和猫两个角色都有什么动作？如何实现这些动作？

教学环节二：设计角色　分析脚本

舞台上有两个角色，分别是猫和老鼠。先来添加这两个角色，删除掉默认的猫的角色。添加完成的同学思考老鼠有哪些动作？怎样设计？

（1）分析老鼠脚本。

老鼠的动作有哪些？怎样设置脚本？

①边分析边板贴：

怎样开始的？

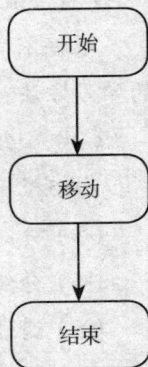

老鼠的动作？

怎样结束？

②分析流程图，板贴可能用到的命令：

怎样让老鼠角色跟随鼠标移动呢？

怎样始终跟随？

调试，成功的同学给大家展示设置方法，边说边操作。

③任务分层：没完成的同学快速完成，完成的同学思考猫的动作怎样设置。

（2）分析猫的脚本。

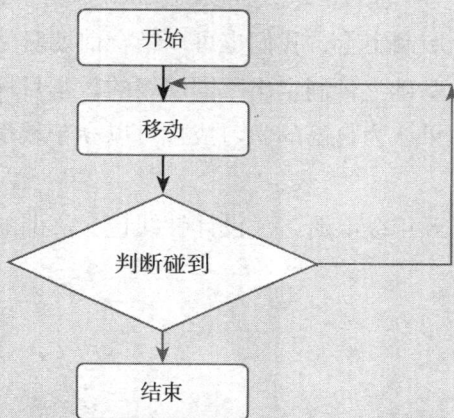

猫的动作有哪些？

边分析边板贴：

猫是怎样移动的？怎样设计脚本？

移动脚本：移动、转向、碰到边缘反弹，重复动作并加上点击绿旗开始。

判断脚本：开始，在（   ）之前一直等待，停止。"碰到"命令在哪个功能区？怎样选择"mouse1"？

当然，要想关注到每一个个体，对学生进行合理的分层，我们可以采用的方法和着眼角度还有很多。我们可以运用自然观察法、书面资料分析法、调查研究法、谈话法和测验法等多种调研方法，从各个角度来认识我们的学生。在一定程度上，我们教师对自己的教学对象的了解程度如何，是分层教学成败的关键。作为教师在制定各层次教学目标、要求、授课计划和教学方法之前，必须对学生的情况作一番深入细致的调查了解。

（2）根据个体差异对教学目标分层。

教学目标的分层在于针对学生掌握知识的不同情况来设置各个层次的学生在教学活动中所要达到的不同的学习目标，从而有针对性地让学生获得不同水平层次的知识，以便和学生的知识结构相适应，使不同的学生能根据各自不同的情况进行有针对性的学习。

根据不同层次的教学目标，每个学生都可以有自己的学习目标。学习目标是学生学习的出发点和落脚点。在教学中，根据教学内容和学生个体的差异，制定出不同层次的学习目标，要做到往上可以不断提升，往下要有基本目标，做到在基本目标实现的前提下，让不同层次的学生达到不同的水平。

在具体实施上，我们可以结合对学生的分析和了解，制定一个基本教学目标，然后给予学生一定的自由度，让他们在此基础上，自行决定自己的目标。在这里，我们既不强制，也不要求学生的目标是一成不变的。结合学生制定的目标，我们还可以设定不同层次的自测项目，让学生随时感受到自己完成目标的情况。学生结合自己完成目标的情况，可以随时微调目标。这样，我们就给予了学生创造追求最高目标的权利，可以让学生始终保持旺盛的学习热情，让他们自己来寻求自己最大程度的发展。

另外，在教学目标的分层制定上，我们也可以结合前期对学生的分析和分层，在遵循基本教学内容和教学目标的基础上，制定出不同层级的教学目标，然后让学生结合自己的情况进行自主选择。学生如果认为自己的学习成果可以高于教学目标，也可以进行适当的修改和调整。

例如：在《劳动技术（五年级上册）》《设计针线包》一课的教学中，教师就制定了这样的分层目标供学生选择。

案例三

《劳动技术（五年级上册）》《设计针线包》教学片段
（案例作者：北京市朝阳区酒仙桥中心小学　毕春莉）

教学目标层次一：
①学会设计一个基本样式的针线包；
②在设计实践的过程中，初步了解一些设计的思路，初步掌握一些设计的方法；
③通过设计实践，提升观察分析能力，形成自主设计的意识；
④懂得勤俭节约的道理，感受生活中创作的乐趣。

教学目标层次二：
①学会结合需求设计一个针线包；
②在设计实践的过程中，了解设计的思路，掌握一些设计的方法；
③通过设计实践，提升观察分析能力和自主设计能力；
④懂得勤俭节约、按需设计的道理，感受生活中创作的乐趣。

教学目标层次三：
①学会结合需求设计一个功能齐全的针线包；

②在设计实践的过程中，了解设计的思路，掌握一些设计的方法，明确每一步设计的目的；

③通过设计实践，提升观察分析能力和自主设计能力，形成一定的质量意识；

④懂得勤俭节约、按需设计的道理，感受生活中创作的乐趣。

在教学过程中，学生结合自己的情况可以选择适合自己的学习目标，达到目标后，学生还可以选择高一层次的目标进行努力，用不断递进的分层目标来引导和要求学生，鼓励每一个人在实现自我发展之后，不断地迈向更高一层台阶。

（3）根据学生的个体差异对教学环节进行分层。

在以上关注个体、分层指导的基础上，教师还应在教学过程的设计中思考如何进行分层指导。我们可以从以下的角度来落实：

①针对不同层次学生的实际情况分层次备课。

分层次备课对我们老师的要求实际上是比较高的，它是我们实现"关注个体分层指导"的关键。根据前期的分析，我们已经比较清楚地了解和把握了学生的个性特点、学习情况和学习能力等方面的差异，并为他们制定了分层目标，那么我们在教学备课时，就可以结合学生分层情况和目标确定情况在教学活动的安排上略显差异。我们可以在教学的内容掌握、程度掌握、学习方法、思维步骤、学习速度、完成要求等方面做出分层处理，保证不同层次的学生都能朝着自己的既定目标不断前进，都能体验到学习成功的快乐。

例如：在《信息技术（三年级）》《初识中文输入》一课的教学中，教师结合前期的分析，在练习环节就进行了适当的分层次备课，通过不同层次的练习设计，让学生尽可能地获得最大的收获。

案例四

《信息技术（三年级）》《初识中文输入》

（案例作者：北京工业大学附属中学　杨金平）

教学阶段	教师活动	学生活动	设置意图
分层练习 分享操作	游戏练习：词语接龙 1. 例如：美好、好人、人人有责…… 2. 以"快乐"为龙头进行词语输入 3. 在规定时间内，比一比谁输入的词语多。注意指法 刚才比赛的心情谁来用一句话说一说，你能用电脑帮忙记录一下吗？输入句子可以以词语为单位进行输入 　如果你认为自己一句话表达不清，想输入一段话，以"课堂感受"为主题进行创编表达也可以	每个学生都进行输入词语练习 　完成输入有能力的学生可以进一步通过一句话的形式输入表达自己的感受。 　最高层次学生可以挑战任务	根据自己的输入情况进行输入练习

在本案例中，教师在设计教学活动时，为不同层次的学生提供了不同的学习支持和不同的活动要求。学生根据教师提供的活动平台选择自己的操作内容，并进行输入练习。教师在活动安排上充分体现了学生的自主性，放手力度很大，学生完成一项任务后可以继续向第二个任务出发，而且这些任务在实践难度上也明显有所提升。

这样的分层备课使不同层次的学生体验到了不同层次收获的快乐。强势群体的学生挑战欲望不断被激发，他们对知识的把握越来越深入，自身能力在不断的研究活动中悄无声息地得到提升。而弱势群体的学生，在这样分层备课的课堂中，也找到了自己的价值，他们逐步建立起了自信，学习的热情得以延续。

②针对不同层次的学生设置不同的问题。

在教学环节的设计中，我们还要具有为不同层次的学生设计不同层次问题的意识。问题设置要有梯度，要有价值，要选择不同层次的学生来回答，以便实现高层次学生发挥带动作用，低层次学生具有参与的积极性，中层次学生具有进一步探索的欲望的目的。这样通过不同层次问题的合理设置和应用，每个层次的学生都可以参与到课堂活动中来，不同层次的学生各得其所，都能获得不同程度的发展，从而增强了每一个学生学习的信心和战胜困难的勇气。

③针对不同层次学生的实际情况采用不同的教学方法。

在课堂教学的设计中，根据具体情况，我们还可以采用不同的教学方法。对层次较高的学生，我们可以采取以"放"为主、"放"中有"扶"的教学方法，多给他们自主学习的时间和空间，鼓励学生深化理解、深入探究。对中层次的学生，我们可以采取半"扶"半"放"的策略，教学中给予适当的点拨之后，再放手让他们主动学习、自主发展，在学生遇到困难时再适时予以指导。对以上两类学生，在教学时，我们既要注意尊重他们的个性差异，给每个学生创新的空间，使每个学生的特长得到发挥，又要注意做到允许他们自己选择学习的策略，上课时，尽量做到通过自己独立思考掌握知识。对学习层次较低的学生，我们要以"扶"为主，要有足够的耐心陪伴着他们深化理解知识、尝试归纳学习方法。

例如：在《劳动技术（五年级）》《干花袋》一课的教学中，在实践环节，笔者就进行了分层指导的设计。对于理解能力强、实践技能好的学生，就鼓励他们充分发挥想象力，结合需求，自主设计和实践；对于中层学生，我为他们提供了实操指导录像，在他们实践中有困难的时候，可以进一步去回味和自主解决；而对于学习能力相对较弱的学生，我采取了教学录像、实操流程图和一对一指导相结合的指导策略。

实践证明，这种分层次的教学方法设计，确实提高了我们课堂教学目标的达成度，让每个孩子都完成了自己的作品，都获得了不同程度的收获和快乐。

（4）根据学生的个体差异对教学评价进行分层。

教学评价是以教学目标为依据，按照科学的标准，运用一切有效的技术手段，对教学过程及结果进行测量，并给予价值判断的过程。教学评价是对教学工作质量所作的测量、分析和评定，它包括对学生学业成绩的评价、对教师教学质量的评价和进行课程评价。教学评价的作用主要体现在四个方面：诊断作用、激励作用、调节作用和教学作用。

根据评价在教学活动中发挥作用的不同，可把教学评价分为诊断性评价、形成性评价和总结性评价三种类型。但无论是哪种类型的评价，在评价过程中，我们都应该根据学生的个体差异进行分层评价。我们应以学生在原有知识水平上的进步和提高大小，作为评价学生是否完成教学目标的一个基准，我们要为不同层次的学生提供不同的评价内容和不同的评价标准，让每个孩子都体会到学习的快乐和成功的喜悦。

（二）本标准对不同层次教师能力达标的要求

能力要点	合　格	良　好	优　秀
关注个体 分层指导	能够观察各类典型学生的反应，对边缘学生予以特别关注，并能适时对学生进行个别指导	能够了解不同学生的个性特点、学习风格和学习态度，对沉默和边缘的学生进行情感和智力支持	能够通过不同的教学方式照顾不同学生的学习基础、个性特点和学习风格，并能布置有一定层级的学习任务

合格：对合格层次的教师的要求是"能够观察各类典型学生的反应，对边缘学生予以特别关注，并能适时对学生进行个别指导"。

合格层次的教师能够观察各类典型学生的反应，要求其了解所教班级学生的学习状况，把握学生所在的层次，关注到不同层次学生课上对教学内容的关注状况、对问题的回答状况等，加以判断，给予不同的指导。

良好：对良好层次的教师的要求是"能够了解不同学生的个性、学习风格和学习态度，对沉默和边缘学生进行情感和智力支持"。

教师要积极地与学生接触，了解不同学生的个性特点、学习风格和学习态度，在此基础上实施针对性的指导。有的学生喜欢动手，喜欢上实验课，但不喜欢动脑，上课坐不住，教师可以在动手实验过程中提出一些问题，启发思维活动，并逐渐要求在动手过程中要思考解决一些问题，从而逐渐培养思考的兴趣和习惯。

良好层次的教师要积极地多接近沉默学生和边缘学生，鼓励他们与自己交流，倾听他们的想法；课上注意激发其参与学习活动，让小组成员能够接纳他们，给他们一定的任务；关注他们的进步，及时表扬，并不断提出新的要求。

优秀：对优秀层次的教师的要求是"能够通过不同的教学方式照顾不同学生的学习基础、个性特点和学习风格，并能布置有一定层级的学习任务"。

优秀层次的教师能够很好地解决统一考试达标要求和学生学习起点不同的矛盾，能解决好班级授课和个别指导的矛盾，能够在集中学习中实现个别指导，并使这种指导能影响更多的学生，如运用小组合作、学生互动等方式，除了促进老师对学生的指导，还可以形成学生对学生的指导。

三、案例及案例分析

案例一

（案例作者：北京市朝阳区酒仙桥中心小学　毕春莉）

在《劳动技术（三年级下册）》《钉纽扣》一课的教学设计中，教师在制定教学目标时是否考虑到了关注个体，分层设定目标。

1. 高层次学生的教学目标

（1）了解扣子的种类，知道不同种类扣子的选择与应用，掌握各式纽扣的钉制方法。

（2）在观察分析和尝试实践中，提升自主研究能力和动手实践能力。

（3）提高生活自理能力，养成用所学知识服务生活的意识。

2. 普通学生教学目标

（1）了解扣子的种类，掌握两孔和四孔纽扣的钉制方法。

（2）在观察分析中，提升识图能力和动手实践能力。

（3）提高生活自理能力，养成用所学知识服务于生活的意识。

3. 低层次学生教学目标

（1）了解扣子的种类，掌握两孔纽扣的钉制方法，了解四孔纽扣的钉制方法。

（2）在学习和实践的过程中，提升动手实践能力。

（3）提升生活自理能力。

案例参考评析

从上面三个层面教学目标的确定和表述上来看，该教师在制定教学目标之前，对班级内的学生有了一定的分析和了解，三个层次的目标无论从哪个维度上来看都是具有一定的层次差异的。而这些不同层次的教学目标没有违背本课的基本教学内容和基本教学目标，同时还有利于不同层次的学生体验到不同层次的学习成果，真正做到学习优秀的孩子吃得饱，学习中等的孩子能够吃，学习费力的孩子吃得消。

案例二

（案例作者：北京市五路居第一中学小学高部　李朗）

在《信息技术（三年级）》《神奇的曲线》一课的教学设计片断中，教师的教学过程是否考虑到了不同层次学生的学习需求，是怎样进行分层指导的。

教学环节

（一）创设情景导入——营造轻松愉快的氛围，激发学生学习兴趣

播放大海潮汐潮落的美妙声音。

导语：同学们请闭上眼睛听一听，这是什么声音？（大海的声音）

监控：大海（海浪）的声音。

我们来一起去海边度个假，并为它画一幅美丽的海景图！

（二）新授——引导学生自主尝试、探究，发现曲线工具的使用方法

1. 观察海浪，学会开放式曲线

（1）出示海浪图片。

提问：如果你有一只画笔，怎么表现海面微波粼粼的样子呢？（在图片中描绘出海浪轮廓）

提问：这时狂风大作，海暴躁起来，形成了巨浪。如果让你画巨浪，你会怎么画呢？用手指在空中画出来。（在图片中描绘出巨浪出轮廓）

把和学生们一起描绘的轮廓总结一下：

有微波粼粼的海面：～ ⌒

有波涛汹涌的海浪：⌐⌐⌐

提问：这么多海浪的样子，你们能用画图工具画出哪种形态的曲线？（根据学生喜好和自身能力自主选择绘制曲线的种类）

（2）自主探究，运用曲线工具画出海浪。（可以独立研究，也可以合作研究）

教师巡视，了解学生探究学习的情况，对学生操作过程中遇到的问题给予帮助和指导。

（3）学生交流汇报，反馈学习成果，教师补充总结。

由一位或几位学生到教师机前演示讲解，其他学生可补充，师生交流共同解决三种曲线的画法，由学生试着总结画曲线的步骤方法和操作要领，教师适时点拨引导，有效地进行归纳概括，可充分发挥学生的主体性和创造性。

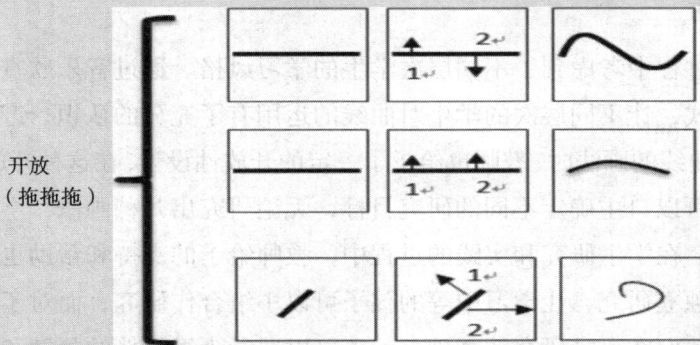

开放
（拖拖拖）

2. 情境体验，小组合作，学画闭合式曲线

（1）情境感受，引出水滴。

导语：傍晚，狂风骤起，竟下起了雨来，海浪也越发猖狂，泛起了层层浪花！雨滴是什么形状的呢？举起你们的小手在空中画一画。

（2）小组合作，运用曲线工具画出小水滴。

①发现问题：

预设：发现运用"拖—拖—拖"的方法无法实现小雨滴的操作。

②解决问题：

预设：学生小组合作商讨解决办法。学生小组合作遇到困难，教师组间巡视指导。看书P90页，学习找出答案。

③汇报交流：

预设：学生找出答案，学生上台操作，说出方法。学生未能找到答案，老师讲解。

（3）小结操作方法和应注意的问题。

凡弯一次或两次的曲线要先按住鼠标拖动再调整，水滴要先点击鼠标，然后再调整。

（三）创新练习——巩固新知，熟练操作，加深对曲线的理解和运用

导语：转眼，到了第二天清晨，阳光明媚，正是潜水的好时机。我们在海底看到了什么？

1.根据自己的喜好挑战一下吧！

（1）基础题：

提问：你们看这条鱼使用什么曲线画的？（封闭曲线）

请你发挥想象力，自己创新，画出海底世界。

分享：说一说你都运用了哪些图形绘制海底世界。

（2）命题绘画，分层练习，巩固新知。

在海边还有哪些景物可以用曲线来表现呢？（出示图片帮助同学联想）

第一幅命题：模仿绘画，进行适当的创新。（画中景物多，结构较复杂）

第二幅命题：对照实物照片，提取线条，构成美丽的海景画。

2.学生作品欣赏与评价

案例参考评析

教师在教学过程中考虑到了不同层次学生的学习风格。通过音乐欣赏、视觉观察和动手尝试等多种形式，让不同层次的学生对曲线的运用有了充分的认识，产生了研究和学习的欲望。在研究曲线的画法时，教师也给予了一定的开放性设计，在这种开放的研究过程中，不同层次的学生可以自主确定不同的研究目标，无论研究出几种画法，学生都会体验到成功的快乐。而且，在学生研究和实践的过程中，教师给予的支持和帮助也是不同的，让学习能力强的孩子独立研究，让学习中等的孩子可以小组合作研究，而对于计算机学习水平薄弱的孩子，让他们在自己研究的基础上，还可以通过小组同伴的帮助和实践环节中的教师个别指导最终掌握不同曲线的画法。所以，从教学环节的各个细节设计上来看，该教师考虑到了学生个体之间的差异，对不同层次的学生设计了不同的指导策略。在课堂中，可以感受到不同层次学生实现学习目标的途径有所不同。

案例三

（案例作者：北京市朝阳区三里屯小学 李红丽）

在《综合实践（四年级）》主题活动《我的书包》一课的教学设计中，教师在进行教学评价时是否考虑到了关注个体、分层指导。

如果你认为自己非常棒，请在三个格中画√；表现一般在两个格中画√；需要努力在一个格中画√。

《我的书包》主题活动评价表

评价项目	具 体 内 容	评 价 等 级				
		自　评			小　组　评	
情感态度	①积极参与活动					
	②主动提出设想、建议					
合作交流	①主动和同学配合					
	②乐于帮助同学					
	③认真倾听同学的观点和意见					
	④对班级和小组的学习作出贡献					
学习技能	①活动计划具体可行					
	②会用网络搜集信息					
	③设计清晰明确的记录表					
实践活动	①积极动脑、动口、动手参与					
	②测量数据准确					
	③能找到书包超重的原因					
成果展示	①能利用表演、竞赛、汇报等展示					
	②成果有新意					
我的感想：						

案例参考评析

从这一主题的实践活动评价表中，我们可以感受到评价要素的多样性和完整性。教师在教学过程中，很好地运用了诊断性评价、形成性评价和总结性评价，每一评价项目中评价内容丰富具体，评价标准能够体现出层次性，而且小组评与自评的结合也会让评价的客观性有所增强。在这样的评价设计中，相信每一个孩子都会找到自己优秀的闪光点，都能在总结收获的过程中不断树立强大的自信心，明确自己努力的方向。

四、能力提升

（一）基础训练

（1）在进行《劳动技术（五年级上册）》《菊花结》一课的教学时，请你结合授课班级学生的特点，从学习者起点能力的角度对学生进行分层，并结合分类情况进行分层教学目标的制定。

本课基本教学目标：

①了解菊花结的含义，学会编制菊花结的方法。

②经历观察、研究、编制、评价的活动过程，发展动手实践能力。

③进一步感受中国结的魅力，激发民族自豪感，养成做事细致认真的劳动态度。

学生分类标准：_____

_____

结合学生不同的层次制定分层目标：

层次一：_____

_____

层次二：_____

_____

层次三：_____

_____

（2）请你简单陈述，在《菊花结》一课的教学过程中，结合不同层次学生的情况，你将采用什么样的教学方法进行分层指导，让每个个体都能实现自己的学习目标。

_____

_____

（二）案例分析

案例一

《**综合实践（四年级）**》**主题活动**《**校园公益标志**》

（案例作者：北京市陈经纶中学分校　张雪燕）

教学过程片段

活动 2：标志设计

1. 教师引导学生分析公益标志的表现方法

出示一个公益标志图案——分析标志所表现的主题——标志表现方法（联想、夸张）找出标志的特征——构图特征．

谈话：这张公益标志要表达的主题是什么？它的特征是什么？（你是从哪里看出它所表现的主题的？）这张公益标志的构图是什么样的？

2. 出示其他公益标志，运用刚才的研究方法对其进行分析

出示其他公益标志

主题、特征、构图（出示课件）

请你从主题、特征、构图三个方面分析这些公益标志。（小组活动）

3. 教师总结归纳：主题明确，特征明显，构图简单（课件出现）

活动 3：争当小小设计师

根据学生的设计意图，动手为校园初步设计公益标志。（体现实用性）

谈话：了解了公益标志的特征，也调查了校园中哪些地方需要设置公益标志，请你赶快为我们的校园设计公益标志吧！

在以上的教学片段中，教师引领学生分析发现了公益标志的表现方法，并鼓励学生结合课前调查，为校园设计公益标志。你认为该教师的设计具有哪些优点，哪些不足？如果是您，您想怎样调整，更好地体现关注个体、分层指导？

优点：＿＿＿＿＿＿＿＿＿＿＿＿＿＿＿＿＿＿＿＿＿＿＿＿＿＿＿＿＿＿＿＿＿＿＿＿

＿＿＿＿＿＿＿＿＿＿＿＿＿＿＿＿＿＿＿＿＿＿＿＿＿＿＿＿＿＿＿＿＿＿＿＿＿＿

不足：＿＿＿＿＿＿＿＿＿＿＿＿＿＿＿＿＿＿＿＿＿＿＿＿＿＿＿＿＿＿＿＿＿＿＿＿

＿＿＿＿＿＿＿＿＿＿＿＿＿＿＿＿＿＿＿＿＿＿＿＿＿＿＿＿＿＿＿＿＿＿＿＿＿＿

修改：＿＿＿＿＿＿＿＿＿＿＿＿＿＿＿＿＿＿＿＿＿＿＿＿＿＿＿＿＿＿＿＿＿＿＿＿

＿＿＿＿＿＿＿＿＿＿＿＿＿＿＿＿＿＿＿＿＿＿＿＿＿＿＿＿＿＿＿＿＿＿＿＿＿＿

案例二

《劳动技术（六年级下册）》《太空人的设计与制作》

（案例作者：北京市朝阳区酒仙桥中心小学　毕春莉）

以下是一位教师在执教《太空人的设计与制作》一课时教学评价环节的设计，请你仔细阅读，说一说该教师在哪些方面关注到了学生的个体差异，做到了分层评价？想一想还有哪些方面可以完善？

教学环节	教师活动	学生活动
展评拓展	（1）展示你的作品或半成品。结合桌上的评价标准，大家评一评 （2）教师结合操作过程进行过程性评价 （3）展示更多的铆接作品，鼓励学生继续设计实践	展示作品 结合评价标准进行评价 反思学习过程 欣赏金工工艺品，产生设计的欲望，树立不断练习、提升技能的思想

评价量规

评价要素	评价标准	评价等级（优秀、较好、还需完善）
整体造型	1. 太空人身体结构完整 2. 剪裁部分基本对称 3. 作品平整、美观	
铆接效果	1. 各部分铆接得松紧适度，太空人能够灵活变化造型 2. 铆钉钉尾效果美观	
锉削情况	1. 金属板四周没有毛刺 2. 金属板边角圆滑	
新意程度(可选)	对太空人身体的造型进行了合理的改造	

（1）哪些方面关注到了学生的个体差异，做到了分层评价？

_____

_____

_____

（2）想一想，还有哪些方面可以完善？

_____

_____

_____

（三）案例设计

请依据本单元能力标准的要求，结合自己熟悉的一节课，撰写一份能够体现关注个体、分层指导的教学设计。

学科：_____

年级：_____

课题：_____

教学目标：

_____

_____

_____

教学主要活动设计：

_____

_____

_____

_____

（四）互助完善

你觉得，为了更好地体现分层指导，本能力要点中的案例还有什么需要改进的地方，请任选其一发表建议。

_____

_____

五、学习反思

（一）学习总结

_____

_____

_____

_____

（二）反思

（1）以往教学中，自己在关注个体、分层指导的过程中，哪些方面做得比较好？哪些方面还需调整？

（2）你怎样理解"关注个体、分层指导"？它的落实对我们的教学具有怎样的实际意义？

（3）本单元的学习对于自己的教学实际工作有哪些帮助？

阅读资料

一、相关概念

1.边缘学生的概念

边缘学生是指在教学活动中容易被忽视的学生，如性格内向的学生、学习基础比较差的学生、坐在教室边角位置的学生等。在教学活动中，要多关注性格内向的学生，多指导学习基础比较差的学生，适时提醒注意力不容易集中的学生。

2.沉默学生的概念

"沉默学生"是指课堂上不发言或不善于回答问题的学生。他们上课看起来坐得端正，认真听讲，一旦老师提问便低下头，不敢面对老师。沉默学生具有以下特征：不自信、寡言性、紧张感、依赖性、思维慢。

3.个别指导法

个别指导就是有针对性地对个别人进行一对一指导。

二、相关资料学习

1.自然观察法

自然观察法是教师在自然状态下，有目的、有计划地主动考查学生或教育对象的一种方法。

运用自然观察法时应注意的问题：①要明确观察目的，选择好与目的有关的行为和重要事实进行观察记录。②创造自然的观察环境和气氛。老师要避免学生注意或发现老师的观察意图，避免学生出现紧张非自然的行为，保证观察结果的真实自然。③要作好观察记录，精确记下反映学生行为的事实及发生的条件、环境，以便对学生的发展作出正确判断。④要对学生的行为多次观察，这样的观察结果才具有可靠性。

2.书面资料分析法

这也是了解学情普遍使用的方法。它的特点是通过已有的文字记载材料间接了解、研究学生已发生的事件或固定的基本情况。材料包括档案、笔记本、练习本、作业、试题、成绩单等。通过查阅有关资料，可以比较系统地了解学生的学习、生活、思想、个性等方面的情况，并以此作为教育教学的重要依据。

3. 调查研究法

调查研究法是通过考察了解客观情况直接获取有关材料，并对这些材料进行分析的研究方法。调查研究法能搜集到难以从直接观察中获得的资料，它的应用不受时间、空间的限制。调查研究法还具有效率较高的特点，它能在较短的时间里获得大量资料。由于调查研究法不局限于对研究对象的直接观察，它能通过间接的方式获取材料，故有人把调查法称为间接观察法。

4. 谈话法

谈话法是通过教师和学生相互交谈、提问答问等活动来进行学情分析的方法，是引导学生根据现在所处情况，通过教师设计的问题，积极思考，从而获得学情信息的方法。这种方法适用范围广、师生交流多、反馈多。

在运用谈话法时，我们的一般要求是：教师要有充分的准备，谈话要有计划性，并拟订出谈话提纲，提出的问题有一定的逻辑联系；谈话中的提问要适合学生程度，有启发性，问题的表述方式应通俗易懂，含义明确，便于理解；谈话时要注意听取学生的回答，教师要有明朗的态度。

能力要点6 微课在教学中的应用

本专题培训目标

（1）了解微课的定义与特征，能够区分微课与微视频的关系，将微课有效地应用于教学中。

（2）能够结合教学目标与教学方法选择不同类型的微课，在教学的不同阶段应用微课，优化教学效果。

（3）了解微课的设计方法，能够以实际教学需求为出发点，将设计、应用融为一体为教学服务。

一、问题的提出

微课是"微型视频网络课程"的简称，以微型教学视频为核心，包含与教学相配套的微教案、微学案、微练习、微课件、微实验、微反思、微点评、微反馈等辅助性教学资源，从而形成一个网络化、开放化、半结构化、情景化的资源动态生成与交互教学应用环境。微课作为新型的教学资源，是对传统课堂学习的一种重要补充和资源拓展。特别是随着手持移动数码产品和无线网络的普及，基于微课的移动学习、在线学习越来越普及，微课必将成为一种新型的教学模式和学习方式，更是一种可以让学生自主学习，进行探究性学习的平台。

（一）课堂活动

（1）说一说你对微课的定义、特征与类型有哪些了解？

_____

_____

（2）请你说一说在教学中怎样运用微课，存在哪些困惑？

_____

_____

（3）请你谈谈下面微课的应用是否合理，存在哪些问题？

《劳动技术（四年级下册）》《折小锥体》微课应用：《折小锥体》是第一单元纸工中的一节实践课，教材中呈现的内容为 1~17 幅折纸流程图，学生一般的操作方式按照流程图逐步完成折纸操作。

观察导入：播放微课视频。（学生观看微课视频后表现出浓厚的学习兴趣）

这节课，咱们就来研究折小锥体。（板书课题）

折痕分析：给予学生折的方法的指导，学会边折、边观察、边记录的学习方法。整体感知锥体的折叠方法。

难点示范：研究半成品图，突破教学难点。

反馈评价：通过对成果及学习过程的评价，了解学生的学习效果，帮助学生感受解决技术问题和获得实践成果带来的喜悦，保持对技术问题的探究欲望。

《锥体特点》课中讲解类微视频设计

编号	界　面	作　用	素　材	时　长
1		了解立体图形	文字图片	1分40秒
2		认识锥体	文字图片	40秒
3		知道锥体在生活中的应用	文字图片	2分

（二）应用微课时存在的主要问题

1. 微课教学缺乏系统的设计

大部分教师在使用微课时，并没有对其进行系统的教学设计，只是将其套入原有的教学模式当中。在问及微课教学设计这一方面，他们自己也很困惑、茫然，不知该如何进行教学设计。

2. 微课应用的频率比较低

大部分教师苦于微课资源过少，教师忙于教学工作，没有闲暇时间来制作微课，可能还存在一些潜在的原因，如传统教学方式的根深蒂固等，这些原因或多或少地影响着教师使用微课的次数。

3.微课应用的方式局限于课堂

虽然很多教师愿意将微课应用于教学实践中，但是他们更多的是把制作出的微课应用于课堂上，而忽略了微课在课前预习与课后复习中的应用。教师仅仅将微课作为一种激发学生学习兴趣的方法，有的教师在导入新课内容时使用微课，有的教师在课中播放相关内容的微课。总的来说，教师只是在自己的课堂四十分钟内应用微课，应用方式过于呆板、局限。

4.微课教学的效果不显著

大多数教师认为使用微课教学，学生的学习兴趣相比以前有所提高，一半以上的教师认为微课的使用使得师生、生生互动有所增加，这说明了微课只是起到提高学生的学习兴趣和增加师生、生生互动的作用，对学生的学习效果起到的作用不是很大。由此可以看出，教师使用微课的教学效果不显著。

二、标准解读

（一）要点说明

1.微课的界定与特征。

（1）微课的界定。

"微型视频网络课程"简称为"微课（Micro-lecture）"，最早见于美国北艾奥瓦大学Leroy A. McGrew 教授所提出的 60 秒课程，以及英国纳皮尔大学 T.P.Kee 提出的一分钟演讲。而最早将这个概念用于教学的是美国新墨西哥州圣胡安学院高级教学设计师、学院在线服务经理 David Penrose。Penrose 教授将微课程称为"知识脉冲"（Knowledge Burst），认为只要在相应的作业与讨论的支持下，微课程就能够与传统的长时间授课取得相同的效果，其核心理念是，在课程中把教学内容与教学目标紧密地联系起来，以产生一种"更加聚焦的学习体验"。微课呈现的是以在线学习或移动学习为目的的教学内容，时长一般为 5~8 分钟，突出关键的概念主题和活动，引导学生利用网络，根据所提供的资源和活动，建构自己的知识。

国内对 Micro-lecture 有"微课""微型课程""微课程"等不同的称谓。近年来，随着微课实践的不断丰富和相关研究的逐步深化，微课的定义发生了很大的改变。对于微课的概念，不同学者从不同角度出发会有不同的理解，下表中罗列了国内部分学者对微课定义的不同阐释。从定义的字面意义来看，可以将定义归为三类：一是对应"课"的概念，突出"微"是一种短小的"教学活动"；二是对应"课程"的概念，有课程计划（微课程），有课程目标，有课程内容（学科知识点），有课程资源（微课、微练习、微课件）；三是对应"教学资源"的概念，如在线教学视频、数字化学习资源包。尽管在定义的表述上有差异，但在定义的内涵上是有共同点的，即"目标单一、内容短小、时间很短、结构良好、以微视频为载体"。

目前在中小学实践或各类微课大赛中所出现的"微课"也都基本符合这些特征，从媒体形式上来看，就是一段与教学相关的视频。

研究者	定　义	分类	共同点
张一春	"微课"是指学习者自主学习获得最佳效果，经过精心的信息化教学设计，以流媒体形式展示的围绕某个知识点或教学环节开展的简短、完整的教学活动	课	目标单一内容短小时间很短结构良好视频格式
黎加厚	"微课程"是指时间在 10 分钟以内，有明确的教学目标，内容短小，集中说明一个问题的小课程		
胡铁生	微课又名微型课程，是基于学科知识点而构建、生成的新型网络课程资源。微课以"微视频"为核心，包含与教学相配套的"微教案""微练习""微课件""微反思"及"微点评"等支持性和扩展性资源，从而形成一个半结构化、网页化、开放性、情景化的资源动态生成与交互教学应用环境	课程	
焦建利	微课是以阐述某一知识点为目标，以短小精悍的在线视频为表现形式，以学习或教学应用为目的的在线教学视频	教学资源	
郑小军	微课是为支持翻转学习、混合学习、移动学习、碎片化学习等多种学习方式，以短小精悍的微型教学视频为主要载体，针对某个学科知识点或教学环节而精心设计开发的一种情景化、趣味性、可视化的数字化学习资源包		

到目前为止，国内对于微课在教学中的应用尚处于初步研究阶段，对于微课的概念也存在百家争鸣的现象。而本章节主要以胡铁生老师对于微课的定义，即一个完整的微课除了微视频外，还应根据实际教学需要包含微设计、微课件、微练习、微反思、微点评、微课件等内容为基础，对微课在教学中的应用进行初步研究。

（2）微课的特征。

"微课"是针对传统单一资源类型的局限性而发展起来的一种新教学资源和应用模式，它有以下几个特征。

①主题突出。

"微课"主要是为了解决教学中某个知识点或技术点的教学，或是反映课堂某个教学环节、研究主题的教与学活动，相对于传统课堂所要完成复杂众多的教学内容、达成多个教学目标而言，"微课"的教学目标相对单一，教学内容更加精简，教学主题更加突出，教学指向（包括资源设计指向、教学活动指向等）更加明确，其设计与制作都是围绕某个主题而展开的。

②资源多样。

微课资源不但有微课视频，还有与之相配套的微教案、微课件、微点评、微练习等，因此，资源种类相对于传统的课堂视频更加丰富。一方面学生利用微课视频来学习，利用微练习来复习巩固，利用微反馈来评价，会使学生的思维能力得到充分培养，学习兴趣得到提升。另一方面，教师利用微课资源能够实现教学观念与风格的转变，教学技能的模仿、迁移和提升，从而快速提高教师的教学水平、促进教师的专业发展。

③短小精悍。

由于微课时间短，微视频一般都短小精悍，微课资源的容量常常不足百兆，与其他精品开放课程资源相比，方便存储携带，有利于在网络上传播和分享，便于实现微型学习。微课视频的时间较短，一般为5~8分钟（最长不宜超过10分钟），因而更符合视觉驻留规律和中小学生的认知特点。微课的资源容量也较小，其视频格式一般为支持网络在线播放的流媒体格式（如rm、wmv、flv等），加上与教学主题配套的教学设计（微教案）、教学课件（微课件）、教学反思及专家点评等资源也只有几十兆。用户既可以流畅地在线观看微课课例，查看教案课件和教师点评信息，非常适合教师的课例观摩、评课、反思和研究，也可灵活方便地将其下载保存到各种多媒体数码终端设备（如笔记本电脑、手机、MP4等）上实现移动远程听课和个性化学习。

④便于共享。

网络资源的核心理念是共享。微课不但具有网络资源丰富、便捷、交互性等优势，还打破了资源的地域、时间、数量限制，实现了资源的充分共享，为教师的专业发展提供了更多可用的资源。此外，微课提供了一个网络学习与交流的平台，教师可以在这个平台上传自己录制的微课视频，方便学生自主选择，也可以供同行参考学习，交流切磋，挖掘智慧，加强相互之间的沟通。教师还可以跨越地域的距离，与更多的优秀教师、教育专家进行零距离对话，全方位解读名师，感受名师独特的魅力。

微课的以上特征是微视频区别于一般教学视频的关键内容，同时，微课在设计理念、使用方式和支持的学习方式方面的特征也是微视频优于传统教学视频的原因。

2. 微课的类型

由于课堂教学受到教师、学生、教材及媒体等多种因素的影响，因而课堂教学具有复杂性、不确定性和艺术性等特点，这使得中小学的课堂类型（简称"课型"）既丰富又千差万别。分类的维度和依据不同，课型的名称和类型也不相同。

（1）按照课堂教学方法分类。

教学方法是教师和学生为了实现共同的教学目标，完成共同的教学任务，在教学过程中运用的方式与手段的总称。根据李秉德教授对我国中小学教学活动中常用的教学方法的分类总结，同时也为便于一线教师对微课分类的理解和实践开发的可操作性，初步依据以语言传递信息为主的方法、以直接感知为主的方法、以实际训练为主的方法、以欣赏活动为主的教学方法、以引导探究为主的方法将微课划分为 11 类。

分类依据	常用教学方法	微课类型	适用范围
以语言传递信息为主的方法	讲授法	讲授类	适用于教师运用口头语言向学生传授知识（如描述情境、叙述事实、解释概念、论证原理和阐明规律），这是中小学最常见、最主要的一种微课类型
	谈话法	问答类	适用于教师按一定的教学要求向学生提出问题，要求学生回答，并通过问答的形式来引导学生获取或巩固检查知识
	启发法	启发类	适用于教师在教学过程中，根据教学任务和学习的客观规律，从学生的实际出发，采用多种方式，以启发学生的思维为核心，调动学生的学习主动性和积极性，促使他们生动活泼地学习
	讨论法	讨论类	适用于在教师指导下，由全班或小组围绕某一中心问题通过发表各自意见和看法，共同研讨、相互启发、集思广益地进行学习
以直接感知为主的方法	演示法	演示类	适用于教师在课堂教学时，把实物或直观教具展示给学生看，或者做示范性的实验，或通过现代教学手段，通过实际观察获得感性知识以说明和印证所传授的知识
以实际训练为主的方法	练习法	练习类	适用于学生在教师的指导下，依靠自觉的控制和校正，反复地完成一定动作或活动方式，借以形成技能、技巧或行为习惯，尤其适合工具性学科和技能性学科
	实验法	实验类	适用于学生在教师的指导下，使用一定的设备和材料，通过控制条件的操作过程，引起实验对象的某些变化，从观察这些现象的变化中获取新知识或验证知识。在物理、化学、生物、地理和自然常识等学科的教学中，实验类微课较为常见
以欣赏活动为主的教学方法	表演法	表演类	适用于在教师的引导下，组织学生对教学内容进行戏剧化的模仿表演和再现，以达到学习交流和娱乐的目的，促进审美感受和提高学习兴趣。一般分为教师的示范表演和学生的自我表演两种
以引导探究为主的方法	自主学习法	自主学习类	自主学习是与传统的接受学习相对应的一种现代化学习方式。以学生作为学习的主体，通过学生独立的分析、探索、实践、质疑、创造等方法来实现学习目标
	合作学习法	合作学习类	合作学习（Collaborative Learning）是一种通过小组或团队形式组织学生进行学习的一种策略
	探究学习法	探究学习类	适用于学生在主动参与的前提下，根据自己的猜想或假设，运用科学的方法对问题进行研究，在研究过程中获得创新实践能力，获得思维发展，自主构建知识体系的一种学习方式

值得注意的是一节微课作品一般只对应于某一种微课类型，但也可以同属于两种或两种以上的微课类型的组合（如提问讲授类、合作探究类等），其分类不是唯一的，应该保留一定的开放性。同时，由于现代教育教学理论的不断发展，教学方法和手段的不断创新，

微课类型也不是一成不变的，需要教师在实践中不断发展和完善。

（2）按照课堂教学主要环节（进程）分类。

微课类型可分为课前预习类、新课导入类、知识理解类、练习巩固类、小结拓展类、课后复习类。其他与教育教学相关的微课类型有：说课类、班会类、实践课类、活动类。

（3）按制作方式和文件格式分类。

按制作方式和文件格式，可以分为拍摄型微课、录屏型微课、动画型微课以及改良型微课。

3.对"微课在教学中的应用"的解读

对"微课在教学中的应用"的要点说明如下：

（1）微课在教学中的应用原则。

①吸引原则。

教师所开发的微课要能对学生形成一定的吸引力。在微课的设计上应该关注易学性与趣味性，使得开发的微课符合学生的认知特点需要，从而使学生愿意不停地反复观看学习，只有这样才能发挥出这种学习资源的效力，使得学习者满载而归。

②效用原则。

教师开发的微课要在保证"微小"的前提下，能够使学生觉这些微小的学习资源有用。微课开发者不要为了赶时髦，或者为了哗众取宠，而在一些没有教育或者学习价值，但是做起来表面漂亮的资源上做文章，这是一切微课都要参照的原则，如果没有这个原则，必然会遭遇搁浅。

③灵活原则。

微课被引入课程教学过程中，可以在课前、课中或者课后等节点灵活应用。在课前，学生个体自主学习微课，预先了解授课内容，便于师生在课堂上探讨问题，直至学习者掌握该知识点或技能。在课中应用微课，教师把微课当作纯粹的教学资源，在教学需要时，集中播放给学生观看，帮助学生更加形象和直观地理解重点、难点知识。在课后应用微课，教师课后发放微课，为学生提供可以反复学习的课程视频，保证每一个学生都能掌握课堂知识。这种方式需要学生自主学习，反复学习，直到学会为止。

④反馈原则。

微课开发、应用与交流共享之后，需要对微课程进行多元评价和对微课程进行教学与应用评价，为接下来的微课程内容的设计与开发提供指导和参考意见。教育评价、多元评价等多种评价方法都可以用于微课程的评价，及时的评价与教学反思可以促进更多优秀微课的开发与共享。

（2）微课在教学中的应用方式。

①微课应用于翻转课堂。

翻转课堂将"知识传授"和"知识内化"进行了颠倒安排，教师不再占用上课时间进行知识讲解，这些知识需要学生在课前完成自主学习，从而改变了传统教学中的"师""生"角色顺序，并对"课堂时间"的使用进行了重新规划，实现了对传统教学模式的革新。换句话说，也就是翻转了传统的"课堂讲授新知识＋课后巩固练习"的教学顺序的教学组织形式，使其变为学习知识在课外、内化知识在课堂的形式。

微课在翻转课堂中的作用是起了一个内容呈现的中介作用，换句话说，微课是因，翻转是果，做微课的目的是将知识呈现给学生，让学生掌握，从而在上课时将知识内化。这个内化的手段应该是多样的，可以是测试，可以是小组的合作学习，教师也可以进行个别辅导，把吸收内化的过程放在课堂上来实现。

②微课应用于课前预习。

这种微课在使用方式上与微课应用于翻转课堂教学模式时的区别在于，学习者并不是在课前必须完成对新知识的掌握，微课只是作为课前辅助学习者预习课堂讲授内容出现的，按教学方法分类，这种微课属于讲授类微课。学生通过在课前学习教师制作的微课内容，基础好的学生可以在课前完成对知识的掌握，也就是达到翻转课堂教学模式所要求的课前完成知识的传授；由于网络条件、硬件设施的限制，交互、评价过程可能达不到翻转课堂的预期效果，有一部分同学也不能在课前完成知识的掌握，但这些同学可以通过学习微课，了解课堂内容的重点、难点，带着问题去听课，有效完成课前的预习。

③微课应用于课堂学习。

大多数人认为，教师制作微课是为了提供给学生学习使用，而教师在传统授课过程中能进行面对面的讲授，没必要再把自己录制的微视频提供给学生看。这一说法不无道理，但却忽略了一个事实，那就是在有关抽象问题的讲述中，教师可能无法通过自己的语言描述或实物演示很好地完成知识的传授。在这种情况下，教师就可以将需要演示的内容制成微视频，供学生在课上观看。按教学方法分类，这种微课属于演示类微课，一般都需要将微视频制作成虚拟动画形式，这对教师制作微课技术要求较高，教师制作此类微课会耗费较长时间，微课大赛作品中，此类微课也较少。

④微课应用于课后复习。

根据艾宾浩斯的遗忘规律，学生在课堂上学得再扎实，过后不复习也会遗忘，而学生在复习时如果能够观看老师的微视频，会加深自己对教材的理解，会复现老师讲课的情景，激活记忆的细胞，提高复习的效果。所以教师可以把它制作成练习类微课，供学生复习时参考。此外，教师还可以根据学习情况为学生提供讲授类、演示类等类型的微课，作为学习资源提供给学习者，作为课后延学所用。

⑤微课应用于缺课学生的补课和异地学习。

有些学生因病因事缺课，过后找老师补课，一是老师不可能有时间及时给学生补课，二是老师补课时也不会完全像在课堂上讲课那么具体。如果有了微视频，学生即使在外地，也可以通过网络下载老师的微课自学，及时补上所缺的课程，使"固定学习"变为"移动学习"。

4. 微课设计的一般流程

微课的设计与应用并不是割裂开来的，它们是统一的整体，微课在教学中合理的应用是以教师根据教学需求充分把握设计应用一体化原则设计微课为基础的。

（1）系统梳理教学内容。

内容设计是微课的根本，一切设计制作都是围绕着教学内容展开的，内容选择是否合适，对微课的教学效果起到至关重要的作用。

在微课制作前，需要对相关的教学内容进行梳理，主要工作如下：

①对整个单元中的知识点进行梳理和划分；

②分析各个知识点之间的逻辑关系；

③除了知识点以外，教师还可以选择典型的专题活动、实验活动等进行微课设计；

④分析学生已经掌握的内容和需要掌握的内容；

⑤选择确定需要在微课中讲解的内容，进行教学设计。

（2）精选微课制作内容。

微课教学内容的选取不同于传统教学，不能简单地认为是将一节课进行压缩或切片，也不是所有的教学内容都适合用微课的形式呈现。在选择微课教学内容时要遵循以下原则：

①选取热门的考点、教学重点和教学难点作为知识点；

②微课的教学内容不能太复杂，在有限的时间内要能够清晰完整地讲解；

③知识点的选择要精细，一个微课一般只讲授一个或两个知识点；

④知识点要准确，对知识的讲解不允许有错误或误导性的描述；

⑤内容具备一定的独立性和完整性。

（3）设计微课脚本。

在确定了教学内容以后，要对微课进行脚本设计。

①微课的教学目标设计注意事项。

教师在进行微课教学目标设计时，除了注重知识的讲授，还要关注对学生能力的培养。教师在进行教学目标设计时要注意：教学目标清晰、教学目标可测、教学目标全面、注重低层次目标、复杂目标可拆。

②微课的教学环节设计注意事项。

微课教学环节的设计要关注导入设计、语言设计、问题设计、板书设计等。

第一，微课的情境设计注意事项：由于微课的时间较短，所以微课中的导入要迅速且与教学内容关联紧凑，以便把更多的时间用来讲授新知识。微课的导入常采用的方式有：

直接切题法、新旧联系法、悬念导入法、趣味导入法。

第二，微课的语言设计注意事项：教学语言包括语音、语调、节奏、响度等。微课教学中对语音的要求是：发音清晰准确，用普通话进行讲解，并且吐字清晰、不拖沓。对语调的要求是：在教学时声音要有高低之分，要根据教学内容和教学目的采用不同的语调，增强语言的生动性。对节奏的要求是：语速节奏要有快慢的变化，内容节奏要有合理的布局，时间节奏要合理分配，使整个教学活动有一定的跌宕起伏过程。对响度的要求是：由于微课中是采用声音拾取设备录制声音，教学语言的响度不可过高，如果响度过大会使声音失真，影响学习者的学习。

因此微课的教学语言要做到清晰流畅、简洁明了和有吸引力。教师应该规范用词，选词和用词要做到精选妙用，同时注意在遣词造句中的语法规则；要抑扬顿挫，娓娓动听，富有感染力；描述清楚，解释全面，有较好的逻辑性和完整性。

第三，微课的问题设计注意事项：微课中的问题往往不需要学生直接回答，与传统课堂教学不同。设计微课中的问题要注意：问题设置要由易到难；问题情境创设不易太长；问题并不需要一一作答；问题数目不宜过多；可以设计拓展性的问题。

第四，微课的板书设计注意事项：板书的类型主要有提纲式、文字式、表格式、图式式。板书设计一般有先写后讲、先讲后写和边讲边写三种形式，微课中的板书可以写在黑板上，也可以写在纸上，还可以用 PPT 代替。

③微课的教学过程设计注意事项。

根据课程及教学内容的不同，微课可以设计以下教学过程。

第一，简单——复杂：加涅认为知识的教学程序由简单到复杂分别为：辨别、概念、规则、高级规则。即在微课的教学安排中，要先让学生了解概念，在概念理解的基础上学习规律及定理，继而在复杂环境中进行应用。

第二，引导——发现：引导——发现的教学程序主要是以问题解决为核心，具体的教学顺序是创设问题情境、发现研究问题、提供学习资料、进行讨论验证、得出结论和进行评价。这种教学程序体现了从抽象到具体的教学过程，能够激发学生的学习潜力，有助于知识的记忆与保持。

第三，示范——模仿：对于技能类的微课教学，一般要进行以下三个阶段。

认知阶段：通过讲解和示范，先使学习者了解技能的性质、要领、动作步骤及注意事项等。

分解阶段：将整个技能动作划分为若干个小环节，通过演示单个动作，让学生进行模仿，熟练掌握整个动作的各个环节。

定位阶段：进行连续动作的展示，将分解的动作按顺序进行连接，使学生系统地掌握操作技能，并能应用于不同的情景之下。

第四，榜样——示范：对于情感态度的学习，加涅和布利斯格认为，学习者通过观察榜样人物，对其行为和态度方面的影响要远高于讲解说服。这种方式的关键在于让学习者相信并了解榜样人物，具体的过程可根据不同学习者的特征进行设计。

（二）本标准对不同层次教师能力达标的要求

能力要点	合　格	良　好	优　秀
微课在教学中的应用	能够根据教学目标和内容选择应用微课	能够根据教学目标和内容合理选择并恰当应用微课	能够系统地在教学中应用微课，从而优化教学

合格：教师能够做到微课内容、形式与教学内容相匹配，反映教学重点、难点或关键知识点。微课的应用符合课程要求及标准，符合学生的认知规律。

良好：教师能够整合微课与现实课堂的关系，合理、恰当地选择微课类型应用于教学活动的不同阶段。

优秀：教师能够有意识地将碎片化、片段化的微课进行系统性的归类与划分，从而通过系统的、长时间的学习活动优化学习效果，并进一步促进学生移动学习习惯的养成。

三、案例及案例分析

案例一

《劳动技术（四年级下册）》《扦插——枝插》一课的微课应用是否合理

（案例作者：十八里店小学　王昉）

《扦插——枝插》一课是《劳动技术（四年级下册）》"小种植"单元的一节技术基础课，旨在使学生了解扦插种植植物的方法，知道扦插方法的种类，掌握扦插法中枝插植物的方法。

1.教学目标

（1）能够说出扦插的种类，知道枝插的步骤与方法，会剪取插穗，能够完成枝插月季花。

（2）经历课前的微视频学习，提升自主学习的能力，发展解决问题的能力；经历观察、讨论和研究资料的过程，提升分析能力，提高对知识的理解力，发展逻辑思维能力。

（3）初步意识到我们应该关爱环境，热爱植物。

2.教学重、难点：能够结合课前自学内容解决枝插时选取枝条、插穗长度的技术问题，完成枝插

3.教学过程

（1）课前自学。课前学生结合自主学习任务单，观看微视频，分组完成任务。

（2）回顾导入。

（3）汇报交流。学生汇报，结合汇报发现学生课前研究的困惑：选条、长度。

（4）深入研究。

①研究学习单：学生结合研究标准研究课上学习单并汇报。选取枝条；插穗长度。

（2）试剪插穗：学生结合剪取标准试剪。学生展示评价。

（5）实践枝插。

（6）展示交流。

（7）小结。

《扦插——枝插》课前讲解、演示类微视频设计

编号	界　面	作　用	素　材	时　长
1		了解扦插的意义	文字 图片	40秒
2	什么叫扦插？	了解扦插的概念	文字 图片	23秒
3	扦插的种类	知道插穗的概念与常见扦插种类	文字 图片	33秒
4	扦插 枝插	了解枝插方法与所需材料工具	文字 图片	34秒
5	月季	知道月季花的习性	文字 图片	37秒
6		了解枝插月季花的方法	图片 视频	1分20秒

课前学习单

班级：　　　　第　　组

（一）学习指南

1. 课题名称

北京版《劳动技术》四年级下册小种植单元基本技法《扦插——枝插》

2. 达成目标

通过观看教学视频和完成课前学习单规定的任务，来了解扦插的相关知识，掌握枝插月季的方法，能够通过对比实验了解提高枝插成活率的方法。

3. 学习方法建议

（1）可以结合自己的学习情况，边看边记录，如果没有看清楚、看明白，可以随时暂停、回放。

（2）可以与同学们自愿分组，合作学习。

（二）学习任务

通过观看教学视频自学，以小组为单位任选其中一个任务完成。

任务一：

（1）什么样的植物适合使用扦插的方法进行种植？

（2）请将下列枝插步骤进行排序后填入括号中：

浇水保湿、剪取枝条、放入插穗、覆盖蛭石

枝插步骤（　　　　）→（　　　　）→（　　　　）→（　　　　）

（3）写出你对于枝插的提示或困惑：

任务二：

（1）枝插时应该选择什么样的插条？请结合观察记录表尝试枝插进行验证。

（2）写出你对于枝插的提示或困惑。

任务三：

（1）枝插时插条应该选择什么样的剪口？请结合观察记录表尝试枝插进行验证。

（2）写出你对枝插的提示或困惑。

案例参考分析

教师在教学中将微课应用于翻转课堂。学生在课前借助于微学案自学了微视频，了解了扦插的种类，知道了枝插的步骤与方法，并分组完成了微练习。在课堂上借助于汇报展示检验了学生对微课内容的掌握情况，并且结合学生微课学习中的困惑——选择什么样的插条进行枝插，引导学生进一步深入研究，从而达到了对枝插技能的内化，使得微课起到了应有的教学效果。

案例二

《信息技术（第三册）》《认识 scratch 编程软件》案例分析
（案例作者：北京市五路居第一中学小学高部　李朗）

本课是北京版《信息技术（第三册）》第三单元"程序设计小能手"中的起始课，scratch 编程软件需要学生形成程序设计思维，善于观察，有动手实践能力。但学生在之前从来接触过 scratch 编程软件，也没有之前所学的知识可以做迁移，所以在学习中学生的思维方式和动手实践会和以前有些不同，这对学生有些难度，需要学生在一开始喜欢上 scratch 编程软件，以便有动力继续学习。因此，这一课对整个单元有至关重要的作用，要让学生初步接触 scratch 编程软件时就喜欢上它。

（一）教学目标

（1）了解 scratch 界面，学会启动、退出 scratch 软件。

（2）通过自主探究了解 scratch 软件的主要功能，并会简单的实际操作

（3）通过观看 scratch 编程软件趣味视频，形成对 scratch 编程软件的学习兴趣。

（二）教学重点

了解 scratch 界面，学会启动、退出 scratch 软件。

（三）教学难点

通过自主探究了解 scratch 软件的主要功能，并会简单的实际操作

（四）教学过程

1.创设情景，激发兴趣

首先请同学们观看 scratch 编程软件趣味视频，说一说这视频想要告诉我们什么？

监控：可以编游戏的软件，可以做动画的软件。

（1）认识 scratch 界面。

想不想自己也能编游戏？

快找找那个软件在桌面的哪里？叫什么？并把它打开。

监控：scratch。

提问：scratch 软件如何使用？各个按钮叫什么名字，都是做什么用的？请你找出答案。

提示：可以看书找答案或是观看之前的视频找答案。

（2）抢答填充名称练习。

2.任务驱动，自主探索新知

（1）任务一，请让小猫走 10 步。

①自主探究。

②分享与小结。

（2）任务二，请让小猫连续走 10 步。

①小组合作，小猫连续走 10 步。

提问：你可以让小猫连续走 10 步吗？

②展示分享

3.实践研究，感受 scratch 乐趣，熟悉软件界面

导语：从刚才我们观看的视频中发现 scratch 可以实现很多动画对吗？你可以模仿视频继续给小猫添加动画吗？

要求：

	A	B	C
画面	小猫可以动	1.小猫动作有设计 2.除了走路之外，有其他的动作效果	1.小猫动作有设计 2.除了走路之外，有其他的动作效果 3.动画有一定的故事情节

4.分享作品，交流经验

（1）自我评价展示。

（2）学生相互评价

5.总结

《scratch 编程软件趣味视频》课前讲解、演示类微视频设计

编号	界　面	作　用	素　材	时长
1		动画的炫酷与音效结合，烘托课堂气氛激发学生兴趣	图片 音频	8秒
2	scratch create your own animations create your own games	了解 scratch 能做些什么	文字 图片	9秒

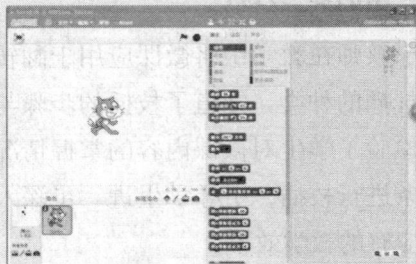

续表

编号	界　面	作　用	素　材	时长
3		感受 scratch 制作简单动画过程，初步了解 scratch 操作	文字 图片 音频	25 秒
4		演示简单的游戏制作过程，激发学生制作游戏的热情，方便学生在实践中模仿，增强自信心	文字 图片	30 秒
5		展示 scratch 制作的一些成果，激发学生学习兴趣	图片	15 秒

案例参考分析

　　教师在教学中，将微课用于课中的导入部分，借由微课迅速吸引学生眼球，帮助学生了解了 scratch 编程软件，激发了学生的学习兴趣。在这一环节里引入微课，利用微课针对性强、有画面动感等特点把学生直接带入情境。在实践环节中，学生也可以通过观看微课，模仿微课中简单的动画编程，来熟悉 scratch 编程软件。在课程一开始学生就可以做出简单的动画，极大地提高了学生对 scratch 课程的兴趣和学习的信心。

四、能力提升

（一）基础训练

　　（1）个别专家认为"微课在课堂内的应用不容乐观,但网上应用却呈现喜人的局面""微课的未来不在课堂，而在网上"，也有人认为"中、美两国的教育方式有很大不同，微课的应用应该以课堂学习为主，以课后学习为辅"。请你谈一谈对微课应用的看法。

_____

_____

　　（2）请以所任教的一课为例，简单陈述你将如何应用微课。

_____

_____

（二）案例分析

案例一

综合实践活动《寻找身边的隐形杀手——甲醛》案例分析

（案例作者：芳草地国际学校双花园校区　赵红志）

本活动是五年级上学期的一次自选主题活动，旨在引导学生关注环境保护问题，在活动中提高环保意识和能力，体会保护生态环境，爱护人类资源，激发热爱共有家园的情感，增强环保责任感。本活动分为活动准备阶段、实施阶段、总结阶段。

（一）活动准备阶段

分组开展活动。

本次活动重点对实验研究法、对比研究法、调查法进行指导。

（二）活动实施阶段——活动实验课

（1）学生准备：①学生已经对什么是甲醛、甲醛的基本性状有了理论上的认识。②活动记录表。

（2）教师准备：①需要测试甲醛的各种物品（如新校服，染料、胶水等学习用具，洗发水、洁厕灵等生活用品，建材、家具样品，车辆，新书包等皮具，新装修的教室）。②每个小组一台iPad。③每个小组一台甲醛测试仪。

（3）方法准备：如何操作设备，如何进行检测（测几次、测哪里、开不开窗、拉不拉包等），如何填写报告，如何下结论。（前期准备在线上交流）

（4）导入：微课导入。

（5）试验：

①教师分好小组，确定每位成员的工作，其中有一个同学利用iPad实时跟老师取得联系（可语音，也可视频）。

②学生根据老师提供的地图，对各个被测物体进行测量，认真记录。

③老师在各个监测点巡视。

④测试完毕之后，学生回到教室，每个小组汇报自己的数据以及测量时发现的问题，为下节课的数据分析及对比奠定基础。

（三）活动总结阶段

教师对学生的发言进行总结。

微课分解：

《身边的隐形杀手》课前讲解、演示类微视频设计

编号	界 面	作 用	素 材	时长
1		激发学生兴趣	图片 音频	8秒
2		什么是身边的隐形杀手	文字 图片 解说	9秒
3		隐形杀手的危害性质以及危害类型	文字 图片 音频	25秒
4		甲醛测量的工具，甲醛测试仪的使用注意事项及原理介绍	文字 图片 教师 讲解	30秒
5		测量工具的使用要求	视频 文字 解说	15秒

前三部分所表述的知识是之前课堂学习的部分知识，对于学生理解本课教学内容没有实质性的帮助，同时由于学生过分关注卡通画面，忽略了知识性。在第四部分中教师讲述过多，貌似课堂实录，却失去微课的意义了，纵观整段微课，内容过多，重点、难点分散。

在以上的教学片段中教师应用了微课，但教学效果不佳，你认为问题出在哪？应该如何修改？

_____

_____

案例二

《劳动技术（五年级上册）》《糖拌西红柿》

本课是"家庭烹饪"单元的一节技术实践课，旨在通过本课的学习帮助学生进一步掌握菜刀的使用技法，能够利用菜刀完成糖拌西红柿的制作。

1. 课前活动

观看课前视频，完成闯关记录单。

2. 导入

同学们课前观看了糖拌西红柿的相关视频，结合闯关记录单分组完成了闯关任务。哪组同学愿意分享一下自己的闯关过程，汇报一下自己的闯关记录单？

（1）学生汇报第一关任务一。

（2）哪组同学愿意汇报一下第一关第二个任务，介绍一下糖拌西红柿的制作步骤？学生汇报。

（3）哪组同学愿意汇报一下第二关？学生汇报。

看来同学们是带着思考来学习的，那么我们今天就来重点研究西红柿的切法。

3. 研究实践

（1）减少流汁。我们先来研究一下如何切才能让西红柿少流汁，这个问题肯定和西红柿的结构有关系。我们先看一个视频来研究一下。播放微视频。小组讨论。学生汇报。学生尝试。

你能展示一下是怎么切的吗？学生汇报。

（2）解决其他问题。

（3）实践制作。

4. 展评拓展

《糖拌西红柿》课前讲解、演示类微视频设计

编号	界面	作 用	素 材	时 长
1	神奇西红柿的十大好处？	了解西红柿的营养价值	文字图片	1分21秒

续表

编号	界　面	作　用	素　材	时　长
2		了解西红柿的知识	视频	17秒
3		知道糖拌西红柿之前的准备	文字图片	40秒
4		了解糖拌西红柿的制作方法	文字图片	2分34秒

闯关游戏记录单

班级：　　　第　　组

第一关：我知道
（1）西红柿对人体有哪些好处？
（2）制作糖拌西红柿需要哪些步骤？
第二关：我会做 我们组合作（完成了或没完成）糖拌西红柿的制作。我们是这样分工的：
第三关：我发现 关于糖拌西红柿我们还有这些问题：

《糖拌西红柿》课中讲解类微视频设计

编号	界　面	作　用	素　材	时　长
1		介绍西红柿	文字图片	16秒
2		知道西红柿的结构	文字图片	50秒

在以上的教学片段中，教师在课前、课中分别应用了微课，在课前通过微视频帮助学生了解了西红柿的营养价值，掌握了制作糖拌西红柿的一般方法，并在此基础上发现了自身的问题。在课上通过微视频研究，帮助学生了解了平时不易关注的西红柿的内部结构，从而发现了切西红柿少流汁的方法。你认为，该教师的设计具有哪些优点？哪些不足？如果是你，你想怎样调整？

优点：_____

_____

不足：_____

_____

修改：_____

_____

（三）案例设计

请依据本单元能力标准的要求，结合自己熟悉的一节课，在教学中应用微课。

学科：_____

年级：_____

课题：_____

教学目标：

_____

_____

_____

教学主要活动设计：

_____

_____

_____

_____

_____

_____

_____

_____

_____

微视频设计

编号	界　面	作　用	素　材	时　长

五、学习反思

（一）学习总结

_____

_____

_____

（二）反思

（1）以往自己应用微课时，存在哪些问题？

_____

_____

（2）你怎样理解"微课在教学中的应用"？

_____

_____

（3）你在"微课在教学中的应用"的哪些方面有了提高？请结合教学实例谈一谈自己的体会。

_____

_____

_____

（4）本单元的学习对于自己的教学实际工作有哪些帮助？

_____

_____

_____

微课的价值

（一）挑战了传统课堂的条条框框

心理学研究也证明：学生课堂学习的质量，取决专注于功课的时间，即投入学习的时间与学生的学习成绩成正比。学习时间过长，并不意味着学习效率高，只有学生投入有价值的学习活动，才会提高学习质量。然而，传统灌输式的课堂教学模式往往忽略了这一点。

微课是相对于传统意义上的整堂课而言的。从教学主体性上分析（即教师角度和学生角度），校本微课的出现对传统课堂框架提出了挑战。

1. 从学生角度来讲

首先，微课的最大价值体现在可以提高学生学习效率。一节课的精华总是围绕某个时间或者某个教学点展开，精彩的、高潮的环节都是短暂的、瞬间的。学生视觉驻留时间普遍只有 20 分钟左右，若时间过长，注意力得不到缓解，很难达到较理想的学习效果。根据学校的实际需求，把教学重点、难点、考点、疑点等精彩片段，录制为时间在 20 分钟左右、大小 50M 左右的简短视频，这种形式大大方便了学生随时随地通过网络下载或点播进行学习，从而可提高学生的学习效率。

其次，微课的最大价值还体现在有助于学生自主学习和有选择性的学习。

2. 从教师角度讲

微课形式的出现，颠覆了以往的个别辅导方式，超越了时间和空间，无疑在一定程度上解放了教师。然而，这种形式对所有今天的教师而言，都会是一种新的挑战，学生的学习可以不再仅仅以教师为主，还可以在学习网站上找到自己所需要的老师。一些以讲授型为主的课程任课教师，也许更容易成为一个尴尬的角色，也许学生会觉得这种类型的授课型教师可有可无。

（二）为促进教师专业成长提供了新途径

1. 有利于提高教师的教学素质和专业素养

微课的表现形式主要有两种。一种是具体而微的形式，表现在有教学的全过程，即有完整的教学过程和教学环节。从内容的导入到重点，难点剖析，方法讲解，教学总结，教学反思，再到练习设计，与传统课堂的每一个环节没有任何差别，但微课没有学生的参与，没有师生的互动，或者说学生参与度不够，师生互动较少。微课的目的是展现教师的教学理念、教学观念或者教学设计、教学方法和教学技巧。这种表现形式有点类似于说课，但又比说课更具体、更翔实，更能反映教师的教学思想和教学水平。

另一种是微小的片段。为了展现整个教学过程中的某一个环节，通过录制一个教学片段来表现教师对教材的处理特点、对某个教学重点的教学处理或者对某个教学难点的突破技巧等，体现了完全真实的教师教学和学生学习。比如，教师如何引导学生解决问题，教师怎样指导学生掌握操作技能等。无论哪一种形式的微课，与传统课堂的展示相比，最大的不同不仅在于时间少，而且教学目标集中、目的单纯。因此，微课非常有利于提高教师的教学素质和专业素养。

2. 有利于提升教师的信息处理能力和水平

微课的制作可以分为加工改造式和原创开发式。加工改造式即对传统课堂的多媒体形式再呈现，换句话说，就是将学校已有的优秀教学课件或录像，经过加工编辑，并提供相应的辅助教学资源，进行"微课化"处理。原创开发式可以有多种技术手段，包括"屏幕录像专家"软件录制、摄像工具录制、录播教室录制、专业演播室制作等。

微课绝不仅仅是一个视频那么简单。一个优秀的、完整的微课包含哪些方面呢？从视觉、听觉上要求舒服，PPT要简洁大方，声音要清晰响亮；从网络技术上讲，要求文件越小越好；从网络用户习惯上讲，希望能精确搜索，要求微课名称要包含知识点，体现适用对象；从学习者角度来看，希望越容易懂越好。前期的微课设计、简洁大方的PPT制作、主体明确的微课名称、信息明了的片头、逻辑性强的正文内容、引导方便的片尾等，这些都是一个优秀、完整的微课必不可少的组成部分。教师在制作微课时，普遍反映制作的难点在于软件的技术性很强，如在对软件操作技术和录制过程的摄像技术的掌控等方面尚存在不足。因此，教师要制作出优秀、完整的微课，必然要提升自身的信息处理能力和水平。

（三）为传统教学资源建设提供了新方向

传统的教学资源大多是以课时为模块开发，资源包容量过大，时间过长，资源主题和特色不够突出，使用不太方便。传统的教学资源花费巨大、数量庞大、耗时费力、种类繁多，在实际教学中的应用情况并不乐观，一线教师普遍感到真正适用、实用、好用的优质教学资源依然很匮乏。传统教学信息资源建设普遍存在只关注资源大环境建设，却忽略具体资源应用的小环境的做法，资源建设与应用的分离，使得资源"看上去很美，却中看不中用"。教育信息资源的根本目的和本质属性是为教育教学服务。大量研究表明，教学资源的开发和利用，只有深入课堂教学层面，才能满足教师的常态教学资源需求，才能不断地动态生成新的课程资源。

微课的核心内容是课堂教学视频片段，同时还包含与该教学主题相关的教学设计、素材课件、教学反思、练习测试、学生反馈及教师点评等教学支持资源。它主要是为了解决课堂教学中某个学科知识点的教学，或者是反映课堂某个教学环节、教学主题的教与学的活动。相对于传统课堂所要完成的复杂众多的教学内容、所要达成的多个教学目标而言，微课的目标相对单一，教学内容更加精简，教学主题更加突出，教学指向更加明确，其设计与制作都是围绕某个教学主题而展开的。校本微课共同构成了一个与具体教学活动紧密结合、真实情景化的微教学资源环境。只有这样，传统教学资源建设才能从肤浅走向深刻，传统教学资源的丰富内涵才能够真正体现出来。

微课制作软件技术的介绍

PowerPoint 软件

PowerPoint 软件在各种微课制作中具有比较普遍的适用性，软件条件要求在 Microsoft Office 2007 版本以上，制作步骤如下（以 PowerPoint 2010 为例）。

•首先完成 PPT 制作，PPT 可由文字、音乐、图片、动画、音频或视频构成。

•选择"幻灯片放映"中的"排练计时"，将幻灯片从头到尾按照拟定的时间播放一遍，最后保存。

•选择"文件"菜单——"保存并发送"——"创建视频"。

•单击"不要使用录制的计时和旁白"，在下拉选框中选择"预览录制的计时和旁白"。

•选择"使用录制的计时和旁白"。

•单击"创建视频"，生成 Windows 通用的 wmv 视频格式。

屏幕录像专家软件

屏幕录像专家是一款专业的屏幕录像制作工具，使用它可以轻松地将屏幕上的软件操作过程、网络教学课件、网络电视、电影、聊天软件等录制成 Flash 动画、ASF 动画、AVI 动画或者自动播放的 EXE 动画。

设置与录制

教师在进行操作演示之前需要对该软件进行设置，设置内容包括基本设置、录制目标设置、声音设置、快捷键设置。

•基本设置。主要包括对文件名、文件保存路径、录制形式、录制频率、生成格式等进行设置，录制频率越小所生成的动画占用的空间越小。

•录制目标设置。主要对录制的范围进行设置，包括全屏、窗口、范围三种方式。选用全屏时，整个屏幕的内容都将录制下来；采用窗口方式，可以有选择地对某些窗口中的内容进行录制。在有些情况下录好的录像可能会有一些白边，此时可以通过调整录制范围来解决。方法为先使用"录制目标"中的"窗口"选项选定视频窗口，试录如果发现有白边，则选中"范围"选项，然后根据白边的位置修改为编辑框内的值。

•声音设置。用于对采样位数、采样频率进行设置，在设置好后可根据"试录"效果来调整设置。

•快捷键设置。使用快捷键可以减少鼠标操作对录制效果的影响，快捷键设置包括对"开始 / 停止录制""暂停 / 继续录制""暂停时单帧录制"的操作进行快捷键设置，快捷键可自由选择。

在设置好录制模式后，教师就可以单击"开始录制"按钮或通过快捷键进行录制。教师在接下来的工作中只需一心一意地演示，其操作步骤将会自动录制下来。

后期处理

在录制结束后，所生成的视频教程课直接使用，也可经过一定的整合处理后使用。屏幕录像专家可生成 AVI、EXE、LX 等多种格式，通过转换还能生成 ASF、SWF 等格式。生成的文件可进行格式转换、合成、截取、后期配音、加密、去噪等处理。

•格式的转换、合成与截取。通过"工具"选择进行 AVI 与 EXE 格式之间的转换，也可选中"录像模式"中需要转换的 EXE 文件，单击右键选择"将文件转换成 ASF 或 SWF 格式"。合成操作用于将生成的多个文件合并成一个文件，选择"工具"——"AVI 合成"/"EXE 合成"/"LX 合成"后，将会出现"合成"对话框，点击"加入"按钮添加需要合成的文件，通过"上移""下移"对文件在时间线上的顺序进行调整，应注意被合成的各文件的帧图像大小和录制频率必须一样，否则无法合成。截取操作用于从 EXE 文件中截取其中一段，得到一个新的单节 EXE 录像，使用此功能对 EXE 文件进行剪辑，其使用方法为：选定一个 EXE 录像文件，在菜单中选择"工具/EXE 截取"，出现"EXE 截取"对话框。

点击"播放"按钮，开始播放此录像，到需要的位置后，按"停止"按钮，然后可以通过"前一帧"和"后一帧"按钮实现精确定位；也可以直接在编辑框中输入要定位到的帧数，然后按定位按钮，同样可以使用"前一帧"和"后一帧"按钮进行精确定位。定位到需要的位置后，按"定义头"，这样就标记了开始截取的位置。同样定位到需要截取的位置后，按"定义尾"，这样就把截取的范围确定了。然后就可以按"截取"按钮实现截取，按"试放"按钮实现对选定范围的试放。

•配音与去噪。后期配音包括通过麦克风进行现场配音、导入外部声音文件两种方式。导入的音频格式只能是 WAV 格式，针对这个限制条件，我们可通过其他软件如"格式工厂"将文件转换为 WAV 格式后再导入。去噪处理是将录音过程中产生停顿的部分作为噪音去掉，在录像文件列表中选中 EXE 文件，使用"编辑/修改 EXE 播放设置"菜单，在弹出的"EXE 播放设置"窗体中点击"去噪声"选项，这时会弹出"去噪声"窗体。通过"重新计算"选项可对"噪声强度""噪声最短持续时间""配音最短持续时间"进行设置。

能力要点7 多学科整合

本专题培训目标

（1）理解多学科整合的意义，提高教师学科整合的意识。

（2）学会多学科整合的常见策略，能够寻找本学科与其他学科的整合点。

（3）能够灵活运用多学科整合的策略及方法，进行以本学科为主的多学科整合教学设计。

一、问题的提出

学科整合是在保留原来学科独立性的基础上，寻找多个学科之间的结合点，使这些学科的课程目标、教学与操作内容、学习手段等课程要素之间相互渗透、相互融合、优化组合，各学科之间相互补充、相互促进。学科整合能够改变课程过于注重知识传授的倾向，使学生形成积极主动的学习态度，学会学习和形成正确的价值观。进行学科整合是素质教育的发展要求，是提高各学科教学质量的一条途径，更是教师应具备的基本技能。

（一）课堂活动

（1）你在课程教学中是否进行过学科整合的教学？

_____

_____

（2）你理解的学科整合有哪些途径和策略？

_____

_____

（3）下面的内容是否是学科整合，存在哪些问题？

在学做小导游的活动中，学生通过网上搜集资料和实际考察等方法，了解了许多景区的资料。关于做导游的方法和技巧，教师也给予了学生必要的指导。当活动准备进入下一个环节时，有位同学却提出了这样的疑问："当出现在我们面前的是外国游客怎么办？"这个问题的提出，给我和学生浇了一盆冷水。学生们陷入了深思，稍停片刻后，想出的办法是"请英语老师帮忙"。

之后，同学们聘请了英语老师做了相关的辅导，从语言到礼仪、风俗。这是我们在景区接待的第一批外国游客，孩子们异常兴奋地交流着：

"Hello! Nice to meet you. I'm a student of Grade 6 in PingGu. I'm familiar of the ShiLinXia area. I would like to be your tour guide and offer you some help, would you?"

"OK, thank you!"

（二）目前，教师们在多学科整合中存在的问题

1. 以辅代主，本末倒置，学科整合关系混乱

学科整合是在保留原来学科独立性的基础上寻找各学科的结合点，教师们在教学实施过程中过分注重整合，缺失学科特色。例如：有位教师在上《花的结构》一课时，精心设计了教学课件，课件的制作充分运用了多媒体资源，又是动画，又是声音，又是图像，并用视频展示了大自然中许多美丽的花朵，介绍了各种花的特点，同学们不停地感叹画面的优美。但一堂课下来，连听课的教师都搞不清这节课主要讲了什么，要达到什么样的教学目标。一味追求信息技术的使用，缺失了学科特色。

2. 外在形式整合，无实质内容的整合

以信息技术学科与其他学科整合进行具体说明。教学过程中存在着由形象到抽象、由感性到理性的转换，要留下足够的时间和空间让学生自己去思考、想象、理解，实现思维能力的培养。但许多教师运用信息技术进行教学设计时，却大大减少了学生这种"思考——发现"的过程，教师变成了现代化教学设备的操作者，他们按照自己的理解设计整个课件的结构和一些问题的"标准答案"。学生按预先设定的模式进行学习，根本没有足够的时间进行深入思考，只能顺应教师的思维方式简单作答，这实际上是另一种形式的灌输式教学，因而限制了学生思维能力的发展。

例如："体内气体的交换"的教学，有位教师是这样设计的：

①多媒体显示体内的气体交换，并出示问题："想一想，呼出气体中氧和二氧化碳的含量比吸入气体中的多了还是少了？其原因是什么？"

②多媒体演示模拟实验"向澄清石灰水中吹气"。

③多媒体显示气体交换示意图。

④教师归纳并用多媒体显示"呼吸的意义"。

在整个教学过程中，学生只能跟随着教师设计的模式机械地学习。这样的教学设计不是真正意义上的学科整合。

在本案例中，教师并没有将信息技术作为一门专门的学科与科学学科进行整合，教师只是将信息技术作为教师教学的辅助工具。信息技术课程主要学习信息技术的基本技能和基本工具的使用，要将此整合到其他学科知识或社会性问题等实际任务中进行学习。把如何获取信息、探索问题、协作解决问题这一技能的学习融入其他学科学习的过程中，才能称之为信息技术学科与其他学科进行整合。

3.缺少学科整合的策略

策略就是计策、谋略，一般是指可以实现目标的方案集合。学科整合的策略就是将学科的课程目标、教学与操作内容、学习手段等课程要素之间相互渗透、相互融合、优化组合，使各学科之间相互补充、相互促进，进行整合实施的方案、方法。

例如：在劳动技术学科《设计手机支架》一课的学习中，教师引导学生观看视频，"一个人手拿着手机边查资料边记录"，发现手拿手机不方便的问题，从而引导学生设计手机支架。教师为学生提供手机支架的三个部分——挡板、背板和底板，让学生根据手机模型的尺寸进行拼摆、调整，完全限制了学生的设计思维，导致学生最终的作品都是同一种款式。教师想引导学生进行手机支架的设计，但由于缺少对学生设计手机支架的正确指引，学生对设计无从下手，学习的过程是枯燥乏味的。

如果教师将这节课与综合实践活动课相整合，先由综合实践活动教师指导学生上网查找手机支架的图片，并且进行分类，如一体式和分体式，这样学生对手机支架的设计就有了初步的了解，教师组织学生分组研究不同类型支架的技术点，然后由劳动教师引导学生从仿、变、创等不同角度进行自主设计。将综合实践和劳动技术学科进行整合，给予学生充分的指导，这样就会开拓学生的设计思路。

二、标准解读

（一）要点说明

1.学科整合的内涵

"整合"是指不同事物有机结合，融为一体。学科整合从广义上讲，是指将两种或两种以上的学科融入课程整体中去，改变课程内容和结构，变革整个课程体系。从狭义上讲，就是将两种或两种以上学科融合在一起进行教学，强调把知识作为一种工具、媒介和方法融入教学的各个层面中，培养学生的综合实践能力。这是各学科教师通过努力可以实现的一种教学方式。我们的学科整合不是学科捆绑、拼凑，而是融合、渗透，是各学科相互协调、共同作用，使学科自身在保存它特有个性的前提下，吸收多学科的营养。

2.多学科整合的意义

（1）新课程实施以来，语文、数学、科学等课程中都安排了一些综合性的实践学习活动，各科教师也尝试着用新课程的理念指导学科教学，力图使学科知识与技能在实践活动中综合运用。这种尝试，固然使学科课堂教学焕发了生机与活力，但是由于学科教学任务的制约和课堂教学时空的限制，教师是心有余而力不足，学科实践活动无疑成了纸上谈兵，即使搞了某一内容的实践活动，也仍然是单一学科内容的补充和延伸。

（2）由于各学科实践活动缺乏协调与整合，难免出现活动内容的重复与交叉。

（3）面对升学的压力、应试的需求、师资力量匮乏等等不可回避的现实，综合实践活动（包括研究性学习、劳动技术、信息技术）课程又往往是浮离于课程表上的科目而已，真正实施面临很多的困难。

（4）学科课程在系统、高效地传承知识方面具有极大的优越性，但却限制了学生的个性和创造性；综合实践活动虽然在因材施教、发挥学生主动性、培养学生创新精神和实践能力方面具有显而易见的优势，但却不利于高效、系统地传承知识。

因此，采用单一的课程，不利于人才的全面成长，将两类课程结合起来，形成完整的课程结构，使两类课程并举，发挥各自的优势，克服对方的缺欠和局限，实现二者教育功能的互补，这无疑将会有利于发挥课程全面育人的积极作用。按照这样的课程理念构建起来的基础教育课程体系，让学生在校期间同时接受两类课程的教育：一方面通过学科课程学习前人积累的知识经验，尽快达到人类知识的前沿；另一方面通过综合实践活动课程、信息技术课程、劳动技术课程，从实践中学习，尝试综合利用已有知识解决实际问题，学习科学研究的方法，实现从结论学习向过程学习的转变。课程的有机融合、优势互补，必将使学生的认知过程形成良性的动态循环，促进学生整体素质的全面发展。因此，探索如何将各学科课程进行有机整合，对落实新课程计划、实现素质教育目标、促进学生全面发展等各方面课程改革具有实际的研究意义和价值。

3.多学科整合的策略及途径

（1）教师资源的整合。

①多学科教师资源的整合。

新课程强调面对学生的生活领域，要研究的是真实存在的社会问题，这些问题难以划归哪个独立的学科领域，也不是单一学科知识和经验能够解决的，恰恰需要一种综合知识和能力，所以"一总多分，协同指导"是最理想的指导方式。把各学科教师整合，形成教师指导团队，能够实现指导力量的整合，促进各学科教学的融通、学习和借鉴。

例如：有的学校将综合实践活动课程与各学科课程形成了一个较为完整的研究体系，组建了课题研究组，将综合实践教师与语文、数学、品德与社会等各学科教师组合成一个团队。各学科教师分头进行理论的学习与研究，定期进行交流，围绕一个课程内容，小组成员共同进行开发，递交课程开发书面材料，形成课程整合的教学设计案例。在课程实施阶段，各学科教师共同指导学生完成教学任务，这样发挥了各学科教师的资源优势，学科教师更加深入地了解综合实践活动课程的本质，综合实践教师也深入各学科教学之中，真正了解学科课程的系统性。在教师资源的整合过程中，教师们对整体育人有了更全面的认识。

②兼职教师自身资源的整合。

在学校中科任教师更多的是兼职教师，一身兼多职。比如：一位教师既任教语文课程，又担任综合实践活动教师；有的教师担任品德与社会和信息技术教师；有的担任综合实践活动课程和大队辅导员，等等，兼职的课程各不相同。这类兼职教师在学科课程整合中有着一定的研究优势。

例如：有的教师是学校的少先队辅导员，又是综合实践活动教师，经常带领学生参加各项活动，但是这些活动都是教育性的，没有进行课程内容的开发。这部分教师就可以根据自己工作的性质与综合实践活动课程内容整合，从少先队活动中挖掘综合实践活动的内容。比如：朝阳区在创建国家卫生区的过程中，少先队经常搞些为社区捡拾垃圾、进行垃圾分类等宣传活动，作为少先队辅导员兼综合实践活动教师就可以抓住这一活动进行综合实践活动内容的开发，如垃圾分类的处理与研究、"我为创建国家卫生区做点啥"等课程活动。

（2）学科内容的整合。

①从学科课程中寻找综合实践活动的课程资源。

综合实践活动强调从学生的学习生活中发现问题。学科教材本身就是一个取之不尽的"生成资源库"，隐藏着大量与自然、社会、生活有关的值得研究的问题。教师要对学科知识进行分析、梳理，然后根据学生现有知识水平，找到学科内容的生长点，引导学生主动提出探究的问题，为综合实践活动的开展提供研究课题和理论依据，将新课程各个学科中的实践活动内容按不同年级段、不同的内容、不同的活动形式进行分类梳理。

比如：数学课学了"元角分的认识"后，综合实践活动课程开发了"小小商品交易会"的活动内容；学习了"数据与统计"后，综合实践活动开发了"社会调查活动"；学了"年月日"后，开发了"日历探秘"的活动内容……语文课中的语言交际可以进行拓展，开发成"访谈"活动，"错别字的大讨论"的口语交际可以开发出"错别字的调查与研究"的活动内容。

②将学科课程产生的问题生成新的研究课题。

新课程改革提倡教学方式要自主、合作、探究。学科课程与综合实践活动课程相比，更受教材内容、课时、教学成绩等因素的限制，更多的是从书本中传授知识，很少有获得动手实践后的深刻理解。

比如：语文课中《难忘的泼水节》，通过课文的学习，学生们很难全面地了解泼水节的文化及历史，对于泼水节是从什么时候开始的，哪些地区提倡泼水节等问题，语文课中是不能解决的。因此，我们就可以把这些问题作为综合实践活动课程的主题活动，继续进行探究。

③学科课程与综合实践活动课程整合进行。

综合实践活动课程是一种实践课程，要综合运用各学科知识解决生活中的实际问题，在解决问题的过程中，往往需要借助于各学科的专业知识。而综合实践活动的教师知识再丰富，也不可能每个领域都有所涉猎，因此，在进行实践活动时，可以将综合实践活动课程与学科课程打通进行，以主题的形式进行多学科的学习活动。

比如在与社会大课堂课程整合中，《走进抗日纪念馆》这个主题活动，需要组织学生进行如下活动：活动一"亲近历史，确定主题"：教师带领学生提出有价值的问题，并确定各小组活动主题（综合实践课程）。活动二"走进抗日纪念馆，接触历史"：带领学生真正走进抗日纪念馆去感受那段历史，通过调查采访等实践活动搜集相关的资料（语文、数学、综合等各学科）。活动三"交流信息，了解历史"：回顾参观、访问、调查等实践活动过程，整理获得的资料，加深对抗日纪念馆的了解（社会学科）。活动四"写观后感，铭记历史"：用文字的形式永远铭记这段历史，写出自己的真情实感（语文学科）。活动五"调查统计，缅怀历史"：调查统计参观人数，发现现实问题（数学学科）。活动六"宣传历史，代代传递"：为这段光荣的历史真正行动起来，到社会实践中去宣传（综合实践）。

综合实践活动与语文的作文教学、数学的调查统计、社会课的感受历史相结合，因此，我们就可以将综合实践活动与学科课程打通进行，在实践活动中使学生学习学科知识。

④综合实践活动与学科开放性作业的整合。

新课程条件下的学科课程，在作业形态上也呈现出多样性和开放性。强调学生的考察、探究、设计，及其他生活与社会的体验活动，这种呈现方式与综合实践活动的实施方式无疑也具有一致性。学科开放性作业的设计与实施，与综合实践活动主题设计实施在某些方面完全可以整合起来。

比如《肥皂泡》是三年级语文第5课，课文生动具体地描写了作者童年时代吹肥皂泡的情景，表现了儿童生活的乐趣。教学重点是抓住关键词语，想象吹肥皂泡的情景。教师留的作业是：回家后像书上描绘的那样亲自试试吹泡泡的游戏，仔细观察你还会有什么发现？吹泡泡几乎每个孩子都吹过，但是认真观察、仔细研究吹泡泡这一现象的同学几乎没有，教师设计了这样一个开放的作业。因此，结合着教师设计的这个开放性作业，在综合实践活动中可以开发"吹泡泡"这个主题系列活动，即观察泡泡，研究泡泡大小与吸管的粗细是否有关；研究怎样能够吹出大泡泡等等内容。

（3）学习策略学科化。

转变学生学习方式是新课改提出的重要任务，强调注重培养学生的独立性和自主性，引导学生质疑、调查、探究，在实践中学习，鼓励学生主动参与、乐于探究、勤于动手，提倡自主、合作、探究的学习方式。这正是综合实践活动的主要学习方式。综合实践活动的实施是以问题为主线，更注重使学生获得解决实际问题的技能。无论是课题探究的研究性学习活动，还是实际应用的设计性学习活动，或者以社会考察为主的参观、调查、访问、体验性学习活动，学生都要经历提出问题——探究问题——解决问题的过程，在解决问题的过程中让学生通过自主探究、合作学习来了解、掌握获取知识和经验的方法。这也是综合实践活动在新课程体系中的独特价值所在。因此，我们要把综合实践活动中所获得的解决问题的基本能力、方法和经验、学习方式渗透到学科教学中，促进学科课程的学习；把学科课中的严谨作风、科学态度、认真精神纳入研究性学习中，使综合实践活动课程的研究更科学、更规范。

例如：综合实践活动的实践性、开放性等特点决定了学生是活动的主体，在活动中采取自主、合作、探究的活动方式，获得解决问题的基本方法和技能。教师既不能在综合实践活动课程中采取灌输的方式，又不能放任自流。因此，在解决问题的过程中，学生对解决问题的方法的掌握决定了活动是否能够顺利开展。在综合实践活动中有以下几种方法指导课：提出问题确定主题的方法指导课、制定活动方案的方法指导课、搜集信息处理信息的方法指导课、访谈法的方法指导课、观察法的方法指导课、汇报交流课几种方法指导课、小组合作学习的方法指导课、调查问卷的方法指导课，等等。如果这些学科教师掌握了合作、自主、探究等学习方式的指导方法，在指导学生进行自主、合作、探究等学习方式时，就不会流于形式，就可以改变学科教师认为新的教学方式流于形式的认识，促进学科教师在教学方式方法上的转变。

（二）本标准对不同层次教师能力达标的要求

能力要点	合　格	良　好	优　秀
多学科整合	能够理解多学科整合的意义以及整合的策略	能够结合多学科整合策略进行以本学科为主的多学科整合教学设计	能够灵活运用多学科整合的策略及方法进行教学设计，具有可操作性

合格：对合格教师的要求是"能够理解多学科整合的意义以及整合的策略"。

合格层次的教师要能够结合一些典型的学科整合的课例，理解多学科整合对学生综合能力提升的重要意义，并能够剖析多学科整合的课例中所运用的学科整合的策略和方法。

良好：对良好教师的要求是"能够结合多学科整合策略进行以本学科为主的多学科整合教学设计"。

良好层次的教师要在充分了解多学科整合的策略方法的基础上，结合本学科教学内容的特点，寻找与其他学科能够融合的共同点，设计出符合本学科课程特点，又有其他学科进行辅助的教学设计，促进学生综合运用知识学习的能力。

优秀：能够灵活运用多学科整合的策略及方法进行教学设计，具有可操作性。

优秀层次的教师要在充分了解多学科整合的策略方法的基础上，结合本学科教学内容的特点，寻找与其他学科能够融合的共同点，灵活而创新地设计出符合本学科课程特点，又有其他学科进行辅助的教学设计，教学设计要具有可操作性。

三、案例及案例分析

案例一

综合实践活动与语文、美术学科整合案例：走进洵河

（案例作者：北京市平谷区　陈建芳）

活动一：走进洵河实地考察（综合实践活动课）

（1）教师组织学生以6人为一组，小组分工，做好活动前准备。

（2）教师提出实地考察的要求。

（3）亲临洵河实地考察。

沿校外生活污染源寻找污水汇集处。

观察堤岸生活垃圾以及水的颜色、河水上的垃圾等。

教师协助学生取水样。

现场采访钓鱼爱好者，了解河水污染的情况。

（4）小组学生交流实地考察及访问的感受，谈想法。

活动二：倡议书《让洵河的水清起来》（语文课）

（1）教师利用课件再现洵河水污染的图片，引导学生回忆洵河水的污染情况，激发学生真情实感。

（2）学生小组畅谈感受。

要求：以感受最深的一点来谈，先谈现象，再谈感受。结合自己看到的、听到的、闻到的，说自己最想说的话。注意语言要简洁，通顺，连贯。

组员谈感受时，组长负责记录要点。

推荐发言代表，组织好语言，准备全班交流汇报。

（3）教师引导学生在小组交流的基础上进行全班交流。

汇报要点如下：

生活废水、工业废水还在肆无忌惮地流入洵河。

洵河里泛着绿色的泡沫，东寺渠大桥以东还能看到一些小鱼（也已生病），被工业污水污染过的下游看不到一点生物了，还发出了很难闻的臭味。

洵河周围有大面积的农田却不能利用洵河水进行灌溉，反而在遭受着洵河的污染，这与"节约用水倡导环保"相悖而行。

……

（4）教师指导学生的倡议书的写作格式。

基本格式如下：标题、称呼、正文、结尾、落款。

倡议书的内容需包括以下一些方面：

①写倡议书的背景原因和目的。

倡议书的发出贵在引起广泛的响应，只有交代清楚倡议活动的原因，以及当时的各种背景事实，并申明发布倡议的目的，人们才会理解和信服，才会自觉地行动。我们的倡议书就要写清我们看到的污染情况以及调查了解的情况。

②写明倡议的具体内容和要求。

③这是正文的重点部分。倡议的内容一定要具体化。开展怎样的活动，都做哪些事情，具体要求是什么，它的价值和意义都有哪些，均需一一写明。

④倡议的具体内容一般是分条开列的，这样写往往清晰明确、一目了然。

⑤阅读范文，掌握倡议书的写法。

⑥学生小组合作写倡议书。

要求：把刚才进行交流的内容重新加工，丰富语言，以倡议书的格式写出来。组长执笔，大家组织语言。

⑦请写好的小组读一读本组倡议书，师生评价。

案例参考分析

这是一个综合实践活动课程与语文课整合的课程，新课程理念中提出要学会综合运用各学科知识解决生活中的实际问题。在解决问题的过程中，往往需要借助于各学科的专业知识。一个学科的教师知识再丰富，也不可能每个领域都有所涉猎，因此，在进行教学时，两位教师将课程打通进行，使得学生各方面的能力都得到了提升。

案例二

劳动与美术学科整合案例：设计景区宣传册

（案例作者：北京市平谷区 李强）

1. 揭示主题

播放即时新闻播报，引出即将迎来旅游高峰，需要更方便的旅游服务，揭示出设计景区宣传册的主题。

2. 指导设计

提问："如果你是游客，你希望景区宣传册中应包括哪些内容？""景区介绍""景点名称""联系方式""游览路线"……学生纷纷发言。然后，出示模板，让学生明白模板空白处是用来设计图片和文字的。随后展示范例，引导思考：宣传册有什么特点？继而发现：

标题醒目、色彩搭配、字体变换、图文并茂等特点。

3. 创作与展示

教师指导：

理材宝典：依图找文、依文找图，一一对应、图文并茂；符号编号、线条标注，内容分明、重点突出。

图文设计宝典：图文并茂，显主题；语言简练，打标语；图片剪切，变形状；文字编辑，变字体；图文搭配，多形式；文字方向，有变换。

学生依据课前整理的记录进行分工，并依据"理材宝典"和"图文编辑宝典"的方法进行创作。

设计中，同学们用不同符号、编号等标注的方法，快速地找出了对应的信息、设计出醒目的标题和不同的图文搭配方式……一张张新颖别致的景区宣传册诞生了。

4. 总结延伸

最后在全员参与的评价中评出最佳作品，以编辑《畅游绿谷》游览手册电子版的任务，将活动继续引向深入。

案例参考分析

在设计景区宣传册这节课中，既有美术课上的设计能力，又有劳动课上的动手制作能力，在这样的活动中就需要教师与相关学科教师沟通，自己先了解、学会相应学科的教学要点，再来指导学生进行活动。

案例三

信息技术学科与小学语文学科整合案例：搜集网上信息

（案例作者：北京市朝阳区陈经纶中学嘉铭分校西校区　曾旭）

本课与《语文》四年级上册第五组第18课《颐和园》在教学内容上进行了整合。主要将《颐和园》课文中长廊景物的资料查找与搜集作为学生学习本课的任务，在此任务下，学生进行搜索引擎这一工具的学习。

教学目标

（1）能够说出搜索引擎的作用和概念，能按照关键字和分类导航搜索的方法检索信息。

（2）在搜索信息的过程中，通过对比不同的关键字组合，学会合理确定关键字。

（3）提升网络信息的鉴别能力，感受颐和园的人文历史。

教学重点：能够按照关键字和分类导航搜索信息。

教学难点：合理确定关键字，快速有效搜索信息。

主要教学过程：搜索引擎的使用。

教师导入：《颐和园》一文只向我们简单地介绍了一下长廊这一景物，但其丰富的彩画最负盛名，今天我们就用搜索引擎继续感受它们的魅力。

关键字（词）搜索练习：

通过《团队合作力量大》练习题请学生体验搜索引擎的操作。

题目1：颐和园始建于哪个朝代？答：_____。

题目2：颐和园长廊上的彩画内容大部分出自哪些典籍？

请你分别输入下面列表中给定的关键词，记下检索的相关网页数。

关键词	相关网页数
颐和园	
长廊 彩画	
颐和园 长廊 彩画	
答案：颐和园长廊上的彩画内容大部分出自_____、_____、_____。	

教师：通过以上表格的填写，你有什么样的感受？

（预设）学生：相关网页数逐步减少，信息搜索的范围逐步缩小；关键字描述得越精确，信息搜索的速度越快、越准确。

案例参考分析

信息技术学科主要学习信息技术的基本技能和基本工具的使用。在此案例中，教师将学生作为学习的主体，不仅让学生学习了搜索引擎的使用方法，还将其整合到了语文学科的实际任务中。

四、能力提升

（一）案例分析：三年级多学科整合案例

（案例作者：朝阳区花家地实验学校　郭明霞）

所谓学科整合，是在保留原来学科独立性的基础上，寻找多个学科之间的结合点，使这些学科的课程目标、教学与操作内容、学习手段等课程要素之间相互融合、优化组合，达到各学科之间的相互促进。以三年级自主开发的主题《花儿朵朵》为例，我预设孩子们在研究过程中，自主整理从入学到现在，出现在各个学科中的关于花儿的各类知识，最终融合各个学科的特有形式，如以音乐课中歌唱的形式唱花，以美术课中绘画的形式画花，以体育课中游戏的形式戏花，以语文课中诵读的形式颂花，以数学课中解决问题的形式算花，以英语课上讲故事的形式讲花，以劳技课上制作的形式做花，以科学课上做实验的形式研花。本以为既然是各个小组自主选择的研究形式，又是简单浅显的知识整理，孩子们的研究就像我们的活动主题一样，花儿朵朵，五彩绽放。谁想到同学们的汇报就像在表演，唱花组上来就简简单单地唱了一首歌，没有前情和后续。讲花组无趣的英语故事草草应付了事。当各组在寥寥数分钟汇报完了后，倾听的同学也丈二和尚摸不着头脑。这是为什么呢？预设中的多学科整合，不就是以各个学科的形式来展开研究和汇报吗？带着这个困扰，我开始进行认真反思。在百思不得其解的情况下，一次意外的讲座使我拨开阴霾见到明月。一次教研员来我校指导，在听了我的困惑后，直接指出我的主题活动的开展偏离了多学科整合的核心价值——以综合实践活动学科为基础，我才意识到，多学科整合不是单单地以各个学科的形式来进行汇报，而是必须以综合实践活动的研究性学习活动为基础，同学们要经历收集资料、整理资料、制订计划、完善计划、设计制作、汇报评价等完整的研究过程。在整个研学过程中，各组结合自己选择的主题和汇报形式，有针对性地开展资料收集、整理任务。

经过上一次的失败，我重拾信心，带着同学们重新开始收集各类资料，制定符合各组研究主题的小组研究计划。如唱花小组每位组员都进行了从一年级到三年级学过的关于"花儿"的歌曲的自主收集，孩子们不但在组内展开"头脑风暴"，互相交流，还积极请教自己的爸爸、妈妈，收集的量更多、年代更加久远的关于"花儿"的各类歌曲，最终，同学们讨论决定，一致同意唱我们学校的校歌《花小之歌》，既歌唱了花儿般的少年，也感谢了培养这些花儿的花小。最可爱的是颂花小组，他们不但自主收集了许多关于花儿的古诗句，最后还找到了一首现代诗《雪花》来补充本组的资料，可见同学们的用心。第二次汇报时，同学们有了上一次的经验，不但准备了生动的开场游戏、猜谜，还提出了本组发现的新问题。原来，多学科整合，整合的不单单是研究成果，更应该在深入的、有各学科特点的研究过程中用心开展。

请你结合这个小案例进行分析，说说你对学科整合的理解和认识。

_____

_____

（二）案例设计

新课程实施中，将学科课程的10%进行学科实践活动，这是学校和教师进行学科整合的一个很好的途径。结合"走进行知园"学科实践活动，请你设计一个至少三个学科整合的教学设计。

五、学习反思

（一）梳理概括本单元的学习总结。

_____

_____

（二）反思

（1）以往对多学科整合的理解存在哪些问题？

_____

_____

（2）你怎样理解多学科整合的策略？

_____

_____

（3）本单元学习对你的教学实际工作有哪些帮助？

_____

_____

能力要点 8　科学运用评价方式

本专题培训目标

（1）能够正确理解评价方式的内涵，提高科学评价的意识。

（2）了解多种评价方式及方法，掌握正确评价的原则。

（3）结合教学内容及学生的实际情况，科学运用评价方式，选择恰当的评价方式对学生进行评价。教学活动中实现评价主体多元化和评价方式的多样性。

一、问题的提出

科学的评价方式，能够促进教学观念的转变，促进教学方法的改进。同时，能营造宽松、和谐、民主的学习氛围，充分调动学生学习的积极性，收到事半功倍的教学效果。科学运用评价方式能够提高课堂教学质量，促进学生发展。

（一）课堂活动

（1）在教学活动中你运用过哪些评价方式对学生活动进行评价？存在哪些困难？

_____

_____

（2）科学地运用评价方式对我们的教育教学工作有什么作用？

_____

_____

（3）在下面的案例中教师运用了什么评价方式？

①教师提出汇报及倾听要求：

请汇报的小组介绍清楚研究的方法、过程、体验以及结果和

感受。倾听的小组认真倾听，从别人的汇报中获取信息。_____

_____

②下发每个小组评价表格，以每个小组为单位给汇报的小组打星评价。

_____

评价项目	学生1	学生2	学生3	学生4	
全员参与，任务明确，各负其责	☆☆ ☆☆☆	☆☆ ☆☆☆	☆☆ ☆☆☆	☆☆ ☆☆☆	本组最后平均 ____颗星
资料丰富，介绍清楚，交流有互动	☆☆ ☆☆☆	☆☆ ☆☆☆	☆☆ ☆☆☆	☆☆ ☆☆☆	
小组成员配合愉快，能够倾听建议	☆☆ ☆☆☆	☆☆ ☆☆☆	☆☆ ☆☆☆	☆☆ ☆☆☆	
小组整体汇报得 _____ 颗星（优秀4颗星、良好3颗星、合格2颗星）					

③倾听小组为汇报小组中的每一个成员打星评价，最后本次活动结束后，教师和学生一起利用"小组成绩=个人成绩的平均分"的方法计算出汇报小组的成绩，结合小组成绩再来计算个人成绩，即"个人成绩=小组成绩+个人成绩"，并将每个人的评价结果和小组评价结果填写在综合实践活动记录本上，纳入班级管理评价中。

（二）教师在教学活动中对学生进行评价时存在的问题

1. 评价主体单一

现在教育理念提出，只有给学生参与评价的机会，发挥学生的主观能动性，评价才能起到真正的作用，才能促进学生的发展。教师由于评价方式的匮乏，在课堂中不能采取正确的评价方式引领学生进行自主评价，依然是教师来评价，是单方面、直线、孤立的评价。

2. 评价语言程式化

课堂中，教师的评价很廉价，教师一味地说好，好在哪？为什么好？甚至对不良的行为也不置可否，对谁的表扬都一个语言、一个模式。比如：在很多课堂中对学生的表扬都是："嘿嘿，你真棒！"这样的评价缺少针对性、缺少真情，这样的评价方式是无效的。

3. 评价信息不准确

课程的评价应以课程的性质和目标为依据，树立重参与、重过程和重发展的整体评价观。在综合实践活动中，承认学生的多元智能，从学生的参与态度及情感发展情况、学生实践能力发展情况，以及学生的学习成果等多方面进行评价，因此很难用一个测试或者报告等物化成果来进行一次性评价。例如：提出、分析、解决问题的能力，这样的能力是在一个又一个教学活动中逐渐提高的，在这样的动态生成的活动中，捕捉准确的学生活动信息很难，因此对学生评价的信息不够准确。

二、标准解读

（一）要点说明

教学评价是指通过系统地采集和分析信息，对教学活动满足预期需要的程度作出判断，以期达到教育价值增值的过程，其最终目的是提高教学质量与效益。

学生评价是教育评价的一种，是指对学生个体成长发展情况的评价，既包括对学生个体学习情况的评定，也包括对学生情感、态度和身体发育情况的评价，学生评价的根本目的是优化学校的教育教学环境，促进学生更好地成长发展。

1. 科学运用评价方式的意义

对学生的评价方式可以有多种途径、多个视角，亦可以有多个主体。例如：可以通过纸笔测试方式进行评价，亦可以通过课堂观察进行评价，还可以通过学生自评、同学互评、家长评价、社会评价等多元评价主体进行学习效果的评估。这一系列评价途径、方式、主体的运用，最终目的是使被评价者能够积极认识自己的学习情况，并不断提升自身的可持续发展能力。

2. 科学运用评价方式的策略

（1）收集准确的评价信息。

综合实践活动课程是一个动态的活动过程，要持续一段时间。要对学生进行科学的评价，就要先了解怎样收集学生的信息来进行客观、全面、准确的评价。

①观察记录。

综合实践活动的评价方式多种多样，但无论何种方式，其运用的先决条件均为观察。通过观察，记录和描述学生在活动过程中的表现，并以此作为评价学生的基础。综合实践活动课程的实施过程往往是学生积极参与活动的过程，学生对活动的兴趣、参与程度、合作精神、实践能力等往往在活动过程中表现出来。因此，观察就成为评价者搜集评价信息的常用方法。观察可以在课程实施过程中自然地进行，可以泛泛地对全体学生各个方面的表现给予关注，比如学生活动的过程、步骤，中间出现的意外情况，学生解决问题的策略，等等；也可以针对个别学生的某个方面进行有目的、跟踪式的观察，比如指导教师发现，有几个同学不太善于与人合作，在小组活动中参与不够，那么就可以针对这几个同学进行有目的的观察，看看他们在每次活动中是怎么表现的，存在什么不足，这时老师的及时引导其实就是一种评价。

在这种自然的观察中，教师为了避免遗忘观察到的信息，可以随笔记录学生的表现，做到心中有数。为了使观察能够获得更丰富的、有价值的、真实的评价信息，应该在观察前明确观察的目的、确定记录的方法、制订观察记录表等，有计划地展开观察评价。观察结果的记录，可以按学生活动的顺序做实录，形成完整的原始资料；也可以事先把想要观察的事项列表，将观察到的有关事项做出标记；还可以对学生的行为事先制定一定的标准，直接将观察到的学生行为表现进行归类。

比如，对各个小组"合作交流"情况的观察，可以事先设计如下的记录表，对观察结果进行记录。

小组"合作交流"观察表

评价内容 ＼ 组别	组 1			组 2			组 3			组 4		
	优秀	良好	加油	优秀	良好	加油	优秀	良好	加油	优秀	良好	加油
主动和同学配合												
乐于帮助同学												
认真倾听别人的观点												
对小组学习作出贡献												
说明（文字描述学生的有关表现）												

②问卷调查。

问卷是一种应用很广的调查工具，它通过被调查者对问卷问题的回答来反映被调查者的某些特征。在综合实践活动学生评价中，也可以运用这种方法来搜集评价信息。

在实践中，我们经常发现课堂上比较活跃的往往是那些外向、大胆、认真的学生，有些学生因较内向、胆小、自卑，不敢表现自己。由于有的学生没有在课堂上充分展示，让教师更多地去了解他研究的情况，因此教师不能对他做出全面的评价，所以，教师可以尝试运用调查问卷来了解。教师也可以通过调查问卷来了解活动前学生已有的知识经验，依此来设计活动方案，活动后还可以通过调查问卷来了解学生的收获和感受。老师可根据这一检测的结果，发现问题，了解学生，总结经验，调整自己的教学指导。比如，在"安全自护我能行"主题活动中，指导教师围绕活动主题，在活动前后对学生及其家长分别进行问卷调查，目的是让学生在活动前明确主题目标，指引学习方向，同时老师也可以了解学生对此次活动的兴趣，掌握他们对活动的意向，还可以了解学生家长对此次活动的意见、看法和支持程度。调查内容如下：

学生问卷调查

活动前	活动后
●你对安全、自护常识了解多少？ ●你最想探究哪方面的安全问题？ ●你希望采取何种方式进行学习？	●你在这次活动中最大的收获是什么？ ●你觉得在活动中哪些方面得到了提高？ ●你今后想探究哪方面的问题？

家长问卷调查

活动前	活动后
●您的孩子是否具备一定的安全意识和自救自护常识？请具体说明。 ●您是否支持孩子参加此次活动？ ●您准备在哪些方面给予孩子一定的指引和帮助？ ●您对本次综合实践活动有何建议？	●您认为这次活动对孩子的学科学习有何影响（是否有促进作用）？ ●您的孩子参加这次活动前后有何变化？ ●您是否看过孩子的学习成果（如调查报告、电子作品等）？感觉如何？ ●您对今后的综合实践活动开展有何提议？

通过这样的问卷，可以了解到学生在课程实施前后的变化，学生也可以在这样的问卷的引导下，有意识地进行自我反省，反思自己的成长和进步；并且这一案例也把家长引入评价主体的行列，一方面可以从家长那里获得学生表现的评价信息，另一方面也促使家长关注、支持课程实施过程，可以说是一举多得。

教师在运用问卷法的时候，要首先明确课程目标和评价内容，设计科学、合理的问题。问题可以是开放题，由学生写出自己的想法；也可以是选择题，即在问题之后给出备选项，对这样的题目可以做进一步的统计分析，把握学生学习的总体情况。

③访谈记录。

访谈就是访问、谈话的意思。通过与被访者的口头交流，访问者把被访者谈话中流露出的各种有用信息记录下来，作为评价被访问者某方面特质的依据。它是和问卷法相辅相成的一种评价工具，通过访谈可以发现一些不能用语言、文字来承载的信息。

在评价中应用的谈话法，往往表现为师生之间、生生之间的一种对话。首先，学生对于自己在活动中的收获、自己的作品或成果，以及自己对班级和小组活动的贡献有解释权、表达权。在活动过程中，教师可以从学生的讨论、个别学生的发言中了解他们对活动主题的认识、他们合作的状况以及他们解决问题的途径。在活动结束后，教师可以组织学生讨论各自的收获和不足，展示、介绍自己或自己所在小组的成果，等等，这些谈话是搜集评价信息的重要途径。其次，谈话法要和观察、问卷调查结合运用，能够使获得的评价信息更客观、真实、全面。比如，教师在观察中发现一些现象，但并不能直接看到现象背后的原因，那就需要及时与学生沟通，了解他们的真实想法或遇到的困难。对于问卷调查的结果，教师也需要向学生进一步了解实际情况。

④建立过程档案袋

综合实践活动课程是一种基于任务的活动过程。这一活动过程就是搜集学生评价信息的最佳途径。从活动主题确立、形成活动方案、实施方案到活动结果展示，学生在每一个环节中的真实表现及所形成的成果都蕴含着丰富的评价信息，档案袋就是一种很好的积累这些评价信息的方式。利用档案袋可以有效地引导学生在学习生活过程中对自己的所得所失进行记录，从而在记录中获得对自我的客观评价，并发自内心地反思自己的行为，从而进行自我完善，借此促进学生的健康发展。这种评价方式尤其适合以阶段活动为单位的综合实践活动课程。它是让每位学生或者活动小组把活动过程中的计划、任务、日程、日记、资料、图片、感受、建议表现、体会等随时放入活动记录袋，这样不仅记录了学生自己活动的过程，增加了学生的成就感，而且也便于教师和学校的评价。教师要鼓励每个学生建立自己的综合实践活动档案。在进行档案袋评价的过程中教师要指导学生及时保存活动过程的经历，及时总结活动过程的实际体会，注意档案材料的客观性、完整性以及丰富性，这是决定评价是否成功的重要因素。学生档案袋绝不只是由学生制作、整理和保存的一些材料的堆砌，还要用其进行汇报和交流，在汇报和交流中进行评价。

档案袋的优势很明显，当评价者看到这些材料的时候，能够比较清晰地看到这个学生在每次活动中的个性化表现、优点与不足、一定阶段内的进步与成就。最重要的是，学生自己能够从中看到自己成长的足迹，体验一种成就感和价值感。

⑤学生自我展示。

自我展示活动是一种师生之间、生生之间共同学习和交流的过程，是学生展示自我、欣赏别人的过程，也是教师收集评价信息的过程。活动主题不同，活动过程和方法也有差别，可将学生活动中的照片贴出来，办一个摄影作品展，学生所写的活动过程中的体验、所收集的资料也可展示出来……有时学生的成果不一定要活动结束时才展示出来，一旦发现学生的闪光点和学生取得小小的成功时，指导教师就应该满足学生展示的欲望，及时提供展示和交流的机会。随机性的展示使学生体会到成功的喜悦和与他人分享成果的兴趣，能激励学生更好地、更自信地继续开展活动。

（2）评价主体要多元。

①指导学生进行自我评价。

一直以来，学生都是作为被评价者，接受来自家长、教师、社会的评价。在这种评价中，学生对评价的内容、方式方法和时空因素没有选择权，也没有解释权。综合实践活动是以学生为主体，由师生共同形成活动方案以后，在老师的指导下由学生去实施方案，形成活动成果。在活动过程中学生自身所产生的丰富体验，是任何人都替代不了的，学生对自己活动的过程拥有最丰富的信息，也最有发言权，因此，要尊重学生的主体地位，让学生进行自我评价，使评价成为学生自我认识、自我反省、自我教育、自我成长、自我完善、自我超越的一个过程。

为此，教师需要做到：

引导学生认识到自我评价是自己跟自己比，而不是跟别人比。

让学生认识到"说真话"不会受到不好的评价，而是让大家更好地帮助自己进步。

设计合理的评价指标来引导学生从哪些方面去思考。

只有这样学生才能敢于真实客观地评价自己在活动过程中的收获和体验。

②引导学生进行互评。

　　综合实践活动多以小组的形式开展，小组同学在分工合作的过程中，每个人的表现彼此了解得更多。同学互评有两种情况：一种是对单个同学的评价，可以是同桌之间，或者一个小组内的成员相互之间一对一地或者一对多地进行评价；另一种是对小组进行评价，可以是本组成员对组内整体的活动情况或者个别同学的表现进行评价，也可以对其他小组和小组成员进行评价。

　　教师在引导学生互评时，也要尊重学生的主体地位，发挥评价的促进发展功能。要和学生一起协商讨论评价指标和评价方式，可将评价项目和标准等制成表格，由学生互相评价后填写，或由组长主持互评活动，并结合自己的观察记录，提出各自的观点或意见，完成评价。

　　要对学生进行思想认识上的引导，让学生在评价活动中学会接纳自我，也学会欣赏别人，对他人的评价要客观、具体，既善于发现他人的优点，又能坦诚地提出改进建议，真正地学会帮助他人取得进步。

　　要处理好小组与个人的关系。尤其是对于活动成果的评价，更应以小组成绩为基础，兼顾个人表现。要通过小组成就的总结和评价，进一步树立、培养学生的团队合作精神。

　　③请校外有关人士参与评价。

　　综合实践活动具有很强的开放性，它的有效实施需要走出校园，到其他社会场所挖掘丰富的社会资源。家长和一些专业人士往往是最重要的社会教育资源。当他们直接参与学生活动时，他们有机会看到学生在活动中的真实表现，对学生做出评价。教师可以在开展活动之前就把有关的评价任务向有关人士说明，请他们填写有关表格，在活动结束后收回；也可以在事后通过回访，在与有关社会人士交流中了解学生在活动中的整体表现，他们的成功与不足之处；也可以在学生成果展示会上请社会有关人士参与对学生的现场评价。

　　④教师对学生进行评价。

　　在倡导评价主体多元化的理念下，教师仍然是评价学生的主体之一，尤其在小学阶段，学生各方面发展还不成熟，需要教师的引导和鼓励。但这时教师在评价活动中的角色也要发生相应的变化。首先，教师要把自己当作与学生平等的评价者之一，参与到评价活动中。其次，要与学生共同协商、研讨活动评价方案，帮助学生形成自我评价、同学互评、小组评价的项目与指标。最后，要注意收集更丰富的评价信息，以便更客观、更准确地评价学生，促进学生的发展。

　　评价方式有：

　　随机评价（口头评价）：在综合实践活动实施的整个过程中，教师可以随时随地对学生的言行做出及时的评价。评价方式灵活多样，如一个满意的微笑、投以信任的目光、亲切的手势、幽默的回答都可以，是一种面对个体和具体事件的评价。

　　教师在对学生的多种评价方式中最直接、最快捷、使用频率最高、对学生影响最大的，莫过于对学生的口头评价，特别是当众口头评价尤为重要。口头评价需要把握"低""小""勤""快"四个字。"低"是指低起点，根据不同学生的不同情况来定；"小"是指"小目标"；"勤"指"勤评价"；"快"指"快反馈"。在活动过程中，教师要随时捕捉评价信息，并以最及时、简便、艺术的评价语言对学生进行评价，需要极力避免从头至尾用"好""不错"来简单评价学生，这样的评价是无效的评价。

档案袋评价：学生在活动的过程中建立的记录档案袋，记录学生活动过程中的点滴收获、串串足迹。这些档案袋是学生活动过程的见证，它的评价方法是合作评价，包括学生互评、集体评价。具体操作是：

定期进行组内展评，展一展每个人的活动成果，评一评每个人的活动参与度，议一议哪位学生做出了积极的贡献等。

每学期班内组织一至两次成长记录袋展评，在每个小组汇报成果、表扬典型的基础上，集体议一议哪个小组的探究活动充实而有意义，哪个小组的活动成果突出而有特色，哪个小组的合作最愉快、最有效，等等。

量表评价：教师设计评价量表学生进行评价。

活动主题：＿＿＿＿＿＿＿＿＿＿ 小组名称：＿＿＿＿＿＿＿＿＿＿

项 目	细 则	等级（优秀、良好、合格）		
小组合作习惯	兴趣浓厚，积极投入，乐于与他人合作			
创新思维展现	想法大胆，勇于表现，乐于将其付诸实践			
分析解决问题	对比分析，多种方案，乐于排除困惑			
科学探讨素养	使用科学，用于生活，乐于进行大融合			

描述性评价：教师对学生活动过程的态度、能力、方法以及最终的成果进行描述性评价。

（3）评价内容要全面。

综合实践活动具有开放性，对学生的评价涉及活动中的每一个细节，因此在评价时教师要做到评价内容全面，从多个角度对学生进行有针对性的评价。

对学生个人的评价可以从以下几个方面进行：

①参与活动的积极性、责任感；

②团结协作精神、人际关系的协调性；

③查阅资料的数量，以及个人承担任务的记录情况；

④活动中对知识、方法、技能的掌握情况；

⑤创新精神和实践能力的发展情况；

⑥活动的收获与成果质量的情况等。

对于小学生，教师可设计形式活泼又便于操作的评价工具，如"我的自画像""我成长的足迹""我有一双灵巧的手"，等等。学生可以根据教师提供的评价工具对自己在活动中的表现和收获进行自我评价，可以给自己划定等级，也可以是描述性的评语，或者以口头、日记等形式表现的个人感受、体验等。教师要通过引导自评来让学生不断地进行自我反思与总结。

对小组活动的评价可以从以下几个方面进行：

①小组活动分工与活动计划性、计划落实情况；

②同学之间的协作精神、活动的进展情况和讨论情况；

③成果的汇报和展示情况等。

例如，某活动主题学生小组自评方案如下：

活动主题：_____ 小组名称：_____

评价主体	评价形式	评价内容	评价结果（打√或描述）
学生	小组互评	1. 小组成员间在活动中合作得愉快吗？	
		2. 在活动开展中遇到困难时，小组成员是共同努力解决的吗？	
		3. 活动结束后大家进行反思了吗？你们觉得哪些方面还需要改进？	

综合实践活动的评价方式是多种多样的，不同的评价主体也可以结合进行，一般可采取"五结合"的评价方式，即：教师的评价与学生的自评、互评相结合；小组的评价与对组内个人的评价相结合；日常观察、书面材料与成果展示相结合；口头评价和文字评价相结合；定性评价与定量评价相结合，以定性评价为主，重方法、态度和体验的评价。

（二）本标准对不同层次教师能力达标的要求

能力要点	合　格	良　好	优　秀
科学运用评价方式	能够采取多种评价方式对学生学习情况进行评价	能够对学生进行评价信息的准确收集，对不同层次的学生进行有针对性的评价	能够运用多样性评价方式对不同层次的学生进行准确的评价，并通过学生评价进行教学反思，不断改进教学

合格：对合格教师的要求是能够采取多种评价方式对学生学习情况进行评价。

教师在教学中，不能一味地采取以教师为主体的评价方式对学生进行评价，要引导学生进行自我评价，小组评价以及指导学生征求社会人士对自己的活动进行评价。在活动的实施过程中，教师还要有运用多种评价方式综合进行评价意识，能够灵活运用多种评价方式对学生进行评价。

良好：对良好层次的教师要求是能够对学生进行评价信息的准确收集，对不同层次的学生进行有针对性的评价。

教师在教学中运用多种收集学生评价信息的方式对学生的活动情况进行信息采集，为准确对学生进行评价提供依据。通过收集到的信息能够对不同层次的学生进行有针对性的评价。

优秀：对优秀教师的要求是能够运用多样性评价方式对不同层次的学生进行准确的评价，并通过学生评价进行教学反思，不断改进教学。

优秀教师在活动中要做到评价主体多元、评价方式多样、评价信息准确、对学生的评价有个性，并能够通过对学生评价中反馈的情况进行教学反思，不断地改进教学方式方法，做到以评促学、以评促教。

三、案例及案例分析

案例一

综合实践活动

（案例作者：北京市日坛中学实验学校　张守芹）

在"家乡地名知多少"的活动中，教师设计了如下表格组织学生进行整个活动中的评价。

"家乡地名知多少"互评表

评价内容	小组成员评	教师评	被访者评
提的问题是否清楚明确			
对被访者的回答是否能够耐心倾听，及时与被访者回应			
是否能够边倾听边记录			
您对我们的采访还有哪些建议？			

案例参考分析

在现代理念下，教育评价的主体由一元向多元发展，综合实践活动的评价也强调改变以往教师的权威评价主体的地位，建立学生、家长、教师、专家、社区、社会人员等共同参与、交互作用的评价制度。综合实践活动课程强调学生经历多样化的活动方式和实践过程，强调通过学生的亲身经历，在一系列实践活动中发现和解决问题，体验和感受生活。因此对学生活动的评价要做到课上与课下相结合，过程与结果相结合，自我反思与他人评价相结合。

案例二

劳动技术

（案例作者：北京市朝阳区老君堂小学　杨春丽）

《塑小刺猬》是北京版劳技教材三年级上册第二单元"泥工"中的一节技术实践课。本单元分为两部分：技术基础和技术实践。《塑小刺猬》是技术实践当中的一节课。教材在此之前已安排了揉、捏、搓、压、划、粘接等技法的实践内容，学生具备一定的泥工操作和工具使用的经验，为学习《塑小刺猬》一课奠定了基础。在本节课当中，主要采用了三次评价。①借助于作品评价，明确泥塑标准。学生实践前，教师明确实践标准，即形象生动、刺要整齐。展示作品时，依然按照评价标准进行评价，让学生明确实践标准和作品标准是一致的，从而达到引导学生关注作品质量的目的。②关注不成功的作品，引导学生自我反思。失败的作品也是学习的资源，教师利用不成功的作品，引导学生善于观察问题，并找出解决问题的方法。③借助于评价量规，规范学习过程。学生根据评价量规对本节课的表现进行评价。

综合评价	5分	4分	3分	2分	得分
小组讨论	积极参加讨论、交流，不仅能虚心听取他人的意见，也能主动发言，提出自己的观点	能较积极地参加讨论、交流，也能发言	能参加讨论交流，也能发言，但提出的观点对同小组学习成员帮助不大	不能主动参加讨论交流	
小组实践	能够主动参与合作实践，发挥自己的作用，独立完成小刺猬的制作	能够参与合作实践，发挥自己的作用，独立完成小刺猬的制作	基本能够参与合作实践，作用不明显，能完成小刺猬的制作	需要在别人的帮助下才能进行实践，完成小刺猬的制作	
自评					
他评					得分：
师评					

评价的目的是全面了解学生的学习状况，激励学生的学习热情，促进学生的全面发展。评价也是教师反思和改进教学的有力手段。既要关注学生对知识与技能的理解和掌握，更要关注他们情感与态度的形成和发展，因此只有全方位的评价才是科学的评价。

案例参考分析

教师进行了三次评价：第一次借助于作品评价，明确泥塑标准。第二次关注不成功的作品，引导学生自我反思。第三次借助于评价量规，规范学习过程。整节课中根据各环节的内容不同，采取了实物评价、自我评价、表格评价三种不同的评价方式，使评价真正起到了促进学生发展的目的。

案例三

信息技术

（案例作者：北京工业大学附属中学　杨金平）

本节课用古老汉字这一感情线贯穿始终。从视频的引用，到字、词、句的尝试输入，在不断地发现尝试过程、展示交流、应用提高的每一个环节中，学生都在用计算机与古老汉字进行对话，感受着计算机与古老汉字的完美结合。教学环节中充分发挥学生间的指导，调用学生原有认识基础，在此基础上进行相互启发与指导。课堂中为搭建展示的平台，在不断展示的过程中达到充分与有效的交流，从而达到反思自己操作行为的目的。

如环节"猜一猜"：

（1）教师视频播放汉字1：鸟字的演变，请你输入"写字板"。

提出问题：谁来说说你猜到的是什么？怎样输入的？输入中文之前你还做了哪些准备？

教师小结：今天我们利用写字板进行输入，在今后我们还会用到 Word PPT 进行文字的输入与编辑，今天我们用 SOGO 输入法，其他输入法大家也可以在课下去研究一下。（鼠标演示）

（2）视频播放汉字2：鱼的演变（数字选择）。

（3）视频播放汉字3：鸡的演变（翻页选择"＋、－"）。

教师提问：谁来说说你猜到的是什么？给大家演示一下你是怎样输入的。

总结一下我们是怎样输入一个字的？

（4）教师在活动中利用下面的表格项目指导学生进行自我评价。

能力要点	合　格	良　好	优　秀
科学运用评价方式	能够采取多种评价方式对学生学习情况进行评价	能够对学生进行评价信息的准确收集，对不同层次的学生进行有针对性的评价。	能够运用多样性评价方式对不同层次的学生进行准确的评价，并通过学生评价进行教学反思，不断改进教学

评价内容	评价要素	评价标准
知识技能	能运用正确姿势进行键盘操作	
	会用键盘进行汉字输入	
合作分享	主动、积极地参与	
	大胆、自信地表达	
	有自己的创新	
交流展示	积极评价，提出意见与建议	
	操作、个人展示	
我的收获		

　　学生在不断发现的过程中，不断得到成功的喜悦，即自我评价推动学习活动的发展，遇到困难寻求伙伴的帮助，并在帮助他人解决问题的过程中寻找着快乐。"谁来试试""谁来给大家演示""谁能帮帮他"这样的语言成为我们交流的纽带。从中也体现了评价要素中"大胆、自信地表达"，在"你说我说大家说""你来我来大家来"的相互指导的行动中，相互交流，共同提高，体现了评价内容中的"交流展示"。

案例参考分析

　　"改变课程评价过分强调甄别与选拔的功能，发挥评价促进学生发展、教师提高和改进教学实践的功能"是新课程评价的理念之一。它响亮地提出了要发挥评价的功能来促进学生的全面发展，促进学生潜能、个性、创造性的发挥，保护学生的自尊心和自信心，使每一个学生具有持续发展的能力。要使每一个学生都在原有基础上得到全面的发展，不仅要关注学生学习的结果，更要关注学生的学习过程，要把学生在学习过程中的全部情况都纳入评价范围。本节课教师在进行知识、技能评价的基础上，更关注学生在与人合作分享、评价他人以及自我展示中的表现等方面的成长。教师借助于评价表，引领学生进行有的放矢的自评，让自评更加有据可依，更加贴近实际，避免了流于形式走过场。

四、能力提升

（一）案例分析

案例

站报纸游戏

（案例作者：北京市日坛中学实验学校　张守芹）

教师开展了"站报纸"这一以游戏为主的活动内容。

1. 教师提出任务要求

给大家 15 分钟的时间，每个小组半张报纸，小组五个人必须全部站在上面，并坚持 1 分钟。请小组长带领组员进行分工，制定好站报纸的策略。一会各小组进行竞赛活动，看哪个小组能按要求完成，取得胜利，我们将选举出今天活动中的金牌组长。

2. 学生小组展示，教师引领学生评价

（1）首先由组员结合下面的提纲内容对小组长的表现在组内进行评价。

你认为组长分配任务时，是否根据本次活动内容做到了合理分配任务？

你们在进行交流时，组长是否能够积极地听取组员的意见？

在小组遇到困难时，你们的小组长能够组织大家积极想办法来解决问题吗？

请你结合以上的提示对你们的小组长进行评价，优秀 5 分，良好 4 分，合格 3 分。

（2）由其他组员对各组组长在展示站报纸环节的表现进行评价，评价提纲如下：

在各组进行展示站报纸活动时，通过他们的活动效果，你觉得哪个小组的组长最具有组织能力？说明你的理由。

根据各组的展示情况，请你为各组的组长给出相应的分数，优秀 5 分，良好 4 分，合格 3 分。

（3）根据本组组员以及其他组员对各组长的评价分数算出平均分，选出金牌组长，并颁发金牌奖章。

请你结合上面的案例进行分析，教师在评价活动中采取的是什么评价方式，说一说自己的认识。

（二）案例设计

请结合学科特点，以学生的角度设计一个学生评价表格，通过学生评价表格的项目对教师的课堂教学进行评价。

五、学习反思

（一）梳理概括本单元的学习内容，进行总结

_____

_____

（二）反思

（1）以往自己利用评价方式存在哪些问题?

_____

_____

（2）本单元学习对你的教学实际工作有哪些帮助? 怎样有效地利用评价方式进行教学?

_____

_____

附录　北京市朝阳区教师教学基本能力检核标准

（试行稿）

2009 年 3 月 30 日

《北京市朝阳区教师教学基本能力检核标准》

维 度	关 键 表现领域	能力要点	合 格	良 好	优 秀
教学设计能力	一、 教学背景分析能力	（一） 正确理解 教材内容	能够分析教材所涉及的基本内容，并梳理出单元知识结构框架	能够准确描述知识的纵向与横向联系，并能将知识置于某一个知识或能力框架内进行解读	能够深入挖掘本单元知识在学生发展中的教育价值
		（二） 实证分析 学生情况	能够关注学生的学习基础，并分析出学生在新知识形成过程中可能遇到的困难	能够对学生的学习基础进行调研，并根据调研资料和数据分析出在新知识学习过程中可能遇到的认知困难	能够根据调研资料和数据，对学生在新知识形成过程中可能遇到的认知和情感上的困难进行理性分析
		（三） 科学确定 教学内容	能够根据课标要求和教材内容，确定教学重点与难点	能够根据课标要求、教材内容和学生的学习基础，确定教学重点与难点	能够根据课标要求、教材内容和学生的学习基础，整合教学内容
	二、 教学目标制定能力	（四） 清晰确定 课时目标	能够依据教学内容和学生情况确定符合课标要求的教学目标	能够依据教材分析和学情分析确定符合课标要求的教学目标	能够依据教材分析和学情分析以及二者之间的密切联系确定符合课标要求的教学目标
		（五） 科学表述 三维目标	能够正确选择行为动词表述三维目标，逻辑严谨	能够恰当表述具有可操作性的三维目标	能够将三维目标进行有机整合，使其具有可测评性
	三、 教学过程设计能力	（六） 合理安排 教学流程	能够安排符合知识逻辑的教学流程，教学重点突出，对时间安排有预设	能够安排兼顾知识逻辑和学生认知逻辑的教学流程，对时间安排的预设合理	能够安排具有开放性和生成空间的教学流程
		（七） 有效设计 教学活动	能够围绕教学目标设计教学活动，并能设计对教学活动完成情况的检测方案	能够围绕教学目标设计具有连贯性的教学活动，并能有针对性地设计对教学活动完成情况的检测方案	能够设计激发学生思维和情感的教学活动，并能对课堂可能生成的问题设计预案
		（八） 灵活选择 教学策略	能够根据教学目标和内容进行板书、提问、媒体演示和评价等教学手段的设计	能够根据教学目标和内容，利用小组合作等学习方式突出教学重点、突破教学难点	能够根据教学目标和内容，设计教学策略并灵活运用各种教学手段

《北京市朝阳区教师教学基本能力检核标准》

维度	关键表现领域	能力要点	合格	良好	优秀
教学实施能力	一、激发动机能力	（一）营造良好学习环境	能够营造整洁有序的教学环境，并以稳定的情绪和良好的状态进行教学	能够以稳妥的方式处理课堂中的突发事件	能够将课堂突发事件转化为教育契机
		（二）有效激发学习动机	能够运用教学技能呈现设计的教学活动，并吸引学生的注意力	能够根据课堂情况呈现设计的教学活动，并能激发学生的学习兴趣	能够灵活根据课堂情况呈现设计的教学活动，有效激发学生持久的学习动机
	二、信息传递能力	（三）教学语言精练生动	教学语言表达清楚，语速、音量适中，并能用体语加强信息传递效果	能够正确运用学科术语，教学语言准确、简练	教学语言生动形象，富有感染力
		（四）板书运用熟练巧妙	板书字体端正、大小适中，有一定书写速度	板书设计有整体性，突出重难点和知识间的联系，逻辑层次清晰	板书能够使学生有美的感受，并伴随课堂教学进程有生成性
		（五）教学媒体运用恰当	能够根据教学目标和内容选择运用教学媒体	能够根据教学目标和内容合理选择并恰当运用教学媒体	能够根据教学目标和内容合理改进并综合运用教学媒体
	三、提问追问能力	（六）恰当提问有效追问	能够根据教学设计适时进行课堂提问，问题本身和表述能让学生理解，减少自问自答、是非问答、集体回答等情况	能够根据学生情况选择恰当的对象进行提问，问题精当并有一定层次性，并能根据学生回答问题的情况进行灵活有效地追问	能够根据课堂上变化的学情及时调整提问内容和方式，重视培养学生的问题意识
	四、多向互动能力	（七）教学组织方式有效	能够根据学习需要和特定学情，组织同位交流、小组合作、全班讨论等活动	组织活动时能够掌握恰当分组、有效分工、控制时间等技能	能够调动每个学生参与活动的积极性，并对活动过程中出现的问题进行恰当处理
		（八）认真倾听及时反应	能够倾听学生的想法，与学生互动；鼓励学生大胆发言，并引导学生认真倾听同学发言	能够在倾听过程中随时与发言者交流自己的理解，促进师生互动，并系统地指导同学倾听	能够把课堂发言的评价权交给全班学生并进行适当指导，有效促进生生的真正互动

《北京市朝阳区教师教学基本能力检核标准》

维度	关键表现领域	能力要点	合格	良好	优秀
教学实施能力	五、及时强化能力	（九）强化重点突破难点	能够运用重复、语言变化、板书强化教学重点	能够运用媒体、提问、体态语等多种方式，强化教学重点，突破教学难点	能够选择恰当时机，灵活运用多种手段，进行有效强化
		（十）强化学生积极表现	能够关注学生积极表现，并给予肯定	能够根据学生特点对其积极表现进行鼓励	能够通过对学生个体积极表现的强化，感染全体学生
	六、课堂调控能力	（十一）合理调控时间节奏	能够控制课堂时间和教学节奏	能够监控学生的状态对课堂时间和教学节奏进行调整	能够根据课堂上不可预知的学情，灵活调整教学设计时各环节的时间分配，并对教学内容做出取舍
		（十二）准确把握内容走向	能够按照教学设计的思路，控制课堂教学的走向	能够根据教学反馈的信息，对教学内容和进程进行调整	能够准确把握教学设计的思路，灵活处理课堂生成性问题，控制课堂教学的走向
	七、学习指导能力	（十三）关注个体分层指导	能够观察各类典型学生的反应，对边缘学生予以特别关注，并能适时对学生进行个别指导	能够了解不同学生的个性特点、学习风格和学习态度，对沉默和边缘的学生进行情感和智力支持	能够通过不同的教学方式照顾不同学生的学习基础、个性特点和学习风格，并能布置有一定层级的学习任务
		（十四）指导学法培养思维	能够在教学中渗透学习方法，培养学习习惯	能够根据教学内容指导学生的学习方法和思维方法	能够根据学科特点有效指导学生的学习方法和思维方法，提高学科素养

《北京市朝阳区教师教学基本能力检核标准》

维度	关键表现领域	能力要点	合格	良好	优秀
教学评价能力	一、学生学业评价能力	（一）掌握学业评价标准	能够结合具体的教学内容解释学业评价标准中各目标动词的含义，并能选择符合评价标准的课堂检测题	能够根据相关的学业评价标准和学生的学习情况编制用于教科书的测试卷	能够根据相应的学业评价标准独立编制学期综合测试卷，有对学生思维和情感变化的观测点和具体的观测方法
		（二）科学选择评价方法	能够根据教学内容和学生情况选择激励性的评价方法；能够选择不同难度的题目布置作业或练习	能够通过观察、追问等多种方式进行学生的学习过程评价；能够选择和编制不同难度的题目并设计不同的作业完成方式	能够从知识、思维、情感等各个方面系统评价学生的学习状况；能够确定多元化的评价主体和选择多样性的评价方式
		（三）有效利用评价结果	能够选择恰当的方法及时解决课堂练习和作业中出现的问题；能够针对学生的知识漏洞及时对学生进行个别辅导	能够根据课堂练习和作业中出现的问题调整教学进度和教学方法；能够根据学生需求为不同学生提供不同的学业指导。	能够根据学生的情绪、情感、思维状态及时调整教学进度与策略；能够根据评价结果为学生提供具有挑战性的学习任务
	二、教学效果评价能力	（四）掌握教学评价标准	能够了解课堂评价标准的具体内容，并能结合实例进行解释	能够确定教科书呈现的自然单元教学效果评价标准。	能够确定学生某种能力发展单元的教学效果评价标准
		（五）科学运用评价方式	能够有理有据地对自己或他人的教学进行评价	能够分析教师行为与学生表现之间的因果关系	能够实现评价主体的多元化和评价方式的多样性，找出导致教学成功与失败的根本原因
		（六）反思评价改进教学	能够积累反思材料，并根据自己的反思和他人的评价改进教学	能够将自己的评价意见与他人进行有效交流，并对他人提出教学改进建议	能够对分析结果进行理论提升，并对教学提出系统的改进方案

备注：良好层次的要求包含合格层次的要求；优秀层次的要求包含良好层次的要求。

参 考 文 献

［1］王宝珊．朝阳区教师教学基本能力检核标准解读［M］．北京：北京出版社，2010．

［2］宋玉珍，胡秋萍．教师教学基本功解读与训练——中学信息技术［M］．北京：北京理工大学出版社，2011．

［3］李卫平．教师教学基本功解读与训练——小学综合实践［M］．北京：北京理工大学出版社，2012．

［4］王竹立．碎片与重构互联网思维重塑大教育［M］．北京：电子工业出版社，2015．

［5］李本友，吕维智．微课的理论与制作技巧［M］．北京：中国轻工业出版社，2015．

［6］张一春．精品微课设计与开发［M］．北京：高等教育出版社，2016．

［7］方其桂．微课制作实例教程［M］．北京：清华大学出版社，2015．

［8］北京市教育科学研究院基础教育教学研究中心．北京市中小学综合实践活动教学指南——小学篇［M］．北京：北京科学技术出版社，2013．

后 记

　　"教师教学基本能力解读与训练"系列丛书是为落实朝阳区工委、教委《2009-2011年朝阳区教育系统教学能力提升工程的意见》，配合北京教育学院朝阳分院编制的《朝阳区教师教学基本能力检核标准》（以下简称《标准》)，为朝阳区综合实践学科教师"十三五"继续教育的培训编制的系列培训丛书。本着立足一线教师之需，切实提高教师的教学设计、教学实施和教学评价能力的原则，我们从《标准》里众多教师教学基本能力点中选取综合实践教师亟待提高的八项能力点，从问题的提出，到具体能力检核标准的分析，尽可能多的列举教学案例，再配合能力提升与学习反思，以便于培训操作。书中案例的选取不一定是最好最贴切的，但可以供交流讨论以此帮助和理解各项能力点，以及给我们一些教学方面的启示。

　　特请中国教育科学研究院冯新瑞审阅全书。还要感谢2016年小学综合实践骨干研修班教师提供的大量教学案例。各专题分工如下：能力要点一，韩雪红；能力要点二，宋婷婷；能力要点三，宋京妍；能力要点四，孙芳；能力要点五，毕春莉；能力要点六，王昉；能力要点七，郭春玲；能力要点八，张守芹

　　在编写的过程中，我们还参考和引用了一些专家的研究成果和文献，在书末列出了其主要部分，在此一并感谢。

　　由于编者水平有限，加之时间仓促，可能存在不少欠妥之处，敬请同行指正。

编　者

2017年5月